서강
한국어

내용 구성표

과	제목	문법	단어	
1	날씨와 여행	-은/는데③ -을지도 모르다	**p.6**	날씨와 여행 여행지, 쌀쌀하다 **p.13** 말하기 가방을 메다, 조언하다 듣고 말하기 동해안, 전국적 읽고 말하기 해가 뜨다, 아쉽다
2	음식	-을래요? -네요	**p.22**	음식 한정식, 비비다 **p.32** 말하기 후식, 요청하다 듣고 말하기 복날, 줄을 서다 읽고 말하기 속이 불편하다, 속이 시원하다
3	건강	-았/었더니① -았/었더니② -다가②	**p.40**	건강 안과, 가스가 차다 **p.46** 말하기 접수처, 진찰을 받다 듣고 말하기 소화제, 처방전 읽고 말하기 건강식품, 달리기
4	쇼핑	-더라고요 -게	**p.54**	쇼핑 대형 할인 매장, 건조 기능 **p.59** 말하기 할부, 버튼이 안 눌러지다 듣고 말하기 교환, 무이자, 반품 읽고 말하기 기증하다, 후원
5	분실	-아/어 있다 -은가/나 보다	**p.66**	분실 분실물 센터, 사례금 **p.72** 말하기 떨어뜨리다, 깨져 있다 듣고 말하기 금도끼, 옛날이야기 읽고 말하기 쇼핑백, 갚다
6	실수와 변명	-느라고 -은/는 줄 알았다	**p.78**	실수와 변명 변명하다, 사과하다 **p.85** 말하기 짐을 싸다, 정신이 없다 듣고 말하기 동창, 돌보다 읽고 말하기 상황, 깨닫다
7	추억	-았/었던 -던 -고 나서	**p.92**	학생 시절 추억 성적, 수료하다 **p.100** 말하기 문구류, 유행하다 듣고 말하기 데모, 막걸리 읽고 말하기 대상, 후회하다
8	후회와 계획	-았/었으면 -았/었을 텐데 -을까 하다	**p.108**	후회와 계획 작심삼일, 시작이 반이라고 하잖아요 **p.115** 말하기 세월, 돌아보다 듣고 말하기 노력하다, 실천하다 읽고 말하기 건강 관리, 실력이 늘다

발음		쉬어가기	
햇빛, 낮잠, 바닷가 갔다 와서 보자	p.17	1년 중 낮이 가장 긴 날을 뭐라고 하는지 아세요?	p.18
방금, 양념, 상담 네? 뭐라고요?	p.36	명절에는 무슨 음식을 먹을까요?	p.37
늙다, 읽다, 맑다 어떻게 하다가 그랬어요?	p.50	여러분은 체했을 때 어떻게 하세요?	p.51
별로, 팔려요, 일시불로 어, 이거 왜 이러지?	p.63	5일장을 아세요?	p.64
비슷한 거, 인터넷해요, 깨끗해요 혹시 이거 아니에요?	p.75	꿈에서 물건을 잃어버린 적이 있습니까?	p.76
듣느라고, 달려 있는, 늦는다고 깜빡 잊어버리고 말을 못 했어	p.89	여러분은 사람을 부를 때 어떤 동작을 합니까?	p.90
볼일, 서울역, 스물 여덟 맞긴 한데……	p.105	옛날에 한국에서 하던 놀이들을 아세요?	p.106
후회, 해외, 취직 그만두고 싶었던 적이 한두 번이 아니에요	p.120	여러분은 소원이 있을 때 어떻게 합니까?	p.121

1과

날씨와 여행

문법	p.06	– 은/는데③
	p.09	– 을지도 모르다
단어	p.13	
발음	p.17	
쉬어가기	p.18	

문법 -은/는데③

 SB p.18   별책 p.6

의미 확인

가 **알맞은 것을 골라 연결하십시오.**

> 지난 주말에 춘천에 여행 갔다 왔다면서요?
> 여행이 어땠어요?

1 기차를 타고 갔는데 •   • ㄱ. 매웠지만 맛있었어요.

2 남이섬을 구경했는데 •   • ㄴ. 창밖 경치가 아름다웠어요.

3 닭갈비를 먹었는데 •   • ㄷ. 멋있는 나무들이 많았어요.

연습

동사	형용사		있다 / 없다	-이다 / 아니다
	받침 ○	받침 ×		
-는데	-은데	-ㄴ데	있는데	학생인데
먹는데	작은데	큰데		

가 **알맞은 것을 골라 바꿔 쓰십시오.** 현재

1 요즘 피아노를 ___배우는데___ 아주 재미있어요.

2 저는 운동하는 것을 _____ 운동 중에서도
특히 수영을 좋아해요.

3 얼마 전부터 번역 일을 _____ 밤늦게까지
일해야 해서 좀 힘들어요.

4 제 취미는 사진 찍기_____ 이번 주말에는
청계천에 가서 사진을 찍으려고 해요.

> 좋아하다
> ✓배우다
> 이다
> 하고 있다

나 알맞은 것을 골라 바꿔 쓰십시오. 현재

1 저는 지금 하숙집에서 ___사는데___ 아주머니가 친절해서 좋아요.

2 유키 씨는 주말마다 빵을 _____ 그 빵이
정말 맛있어요.

3 소영 씨는 기분이 나쁠 때 음악을 _____ 음악을
들으면 기분이 좋아진대요.

4 한스 씨는 매일 아침에 한 시간씩 _____ 걷는 것이
건강에 도움이 된대요.

> 들어요
> 만들어요
> 걸어요
> ✓ 살아요

다 알맞은 것을 골라 바꿔 쓰십시오. 과거

1 A 학교 앞에 개업한 식당에 가 보셨어요?

B 네, ___가 봤는데___ 메뉴가 다양하고 맛도 괜찮았어요.

2 A 지난 주말에 뭐 하셨어요?

B 친구한테서 빌린 책을 _____ 너무 재미있어서
하루 종일 봤어요.

3 A 카밀라 씨, 무슨 일 있으세요?

B 책상 위에 전자 사전을 _____ 화장실에 갔다 오니까 없어졌어요.

4 A 요즘 회사 일이 어때요?

B 사실은 얼마 전에 직장을 _____ 일을 새로 배워야 해서 좀 힘들어요.

> ✓ 가 보다
> 옮기다
> 올려놓다
> 읽다

활용

가 자유롭게 대화를 완성하십시오.

1 A 오늘 오후에 쇼핑하러 갈 거지요?

B 네, _좀 두꺼운 옷이 필요한데 뭘 사야 할지 잘 모르겠어요_.

2 A 주말 잘 보내셨어요?

B _____.

7

3 A 지금 어디에 사세요?

  B _____.

4 A 한국에서 등산해 보셨어요?

  B _____.

정리하면서 써 보세요

동사		과거	현재
	가다	갔는데	가는데
	먹다		
⟨으⟩	쓰다		
⟨ㄷ⟩	듣다		
⟨ㄹ⟩	살다		
⟨ㅂ⟩	돕다		
⟨르⟩	부르다		
⟨ㅅ⟩	짓다		

형용사		과거	현재
	비싸다		
	작다		
⟨으⟩	나쁘다		
⟨ㄹ⟩	멀다		
⟨ㅂ⟩	춥다		
⟨르⟩	다르다		
있다			
회사원이다			

의미 확인

가 **알맞은 것을 고르십시오.**

1 A 오늘 모임에 꼭 오세요.

B 오늘 모임이 7시지요? 7시까지 갈게요.

그런데 요즘 길이 많이 막히니까 (① 늦지 않을 거예요 ✓ 조금 늦을지도 몰라요).

2 A 가은 씨가 지금 어디에 있을까요?

B 가은 씨는 보통 도서관에서 공부하니까 도서관에 있을 거예요.

하지만 어제 시험이 끝났기 때문에 오늘은 도서관에 (① 있을 거예요 ② 없을지도 몰라요).

3 A 방학 동안에 뭐 할 거예요?

B 고향에 갔다 오고 싶어요.

하지만 아직도 비행기 표를 못 샀으니까 (① 꼭 갈 거예요 ② 못 갈지도 몰라요).

4 A 내일이 시험인데 너무 걱정이 돼요.

B 보민 씨, 걱정하지 마세요.

준비를 열심히 했으니까 이번 시험은 꼭 (① 잘 볼 거예요 ② 잘 볼지도 몰라요).

연습

동사		형용사		있다 / 없다	-이다 / 아니다	+ 모르다
받침 ○	받침 X	받침 ○	받침 X			
-을지도	-ㄹ지도	-을지도	-ㄹ지도	있을지도	동생일지도	
먹을지도	갈지도	작을지도	비쌀지도			

가 알맞은 것을 골라 바꿔 쓰십시오. 현재 규칙

1 그 극장에는 보통 사람이 많지 않으니까 예매하지 않아도 돼요.

하지만 영화 〈태극기를 휘날리며〉는 인기가 많아서 표가

_____없을지도 몰라요_____ . 그러니까 꼭 예매해야 해요.

2 일기예보에서 내일 날씨가 맑을 거라고 했어요.

하지만 장마철[1]이니까 갑자기 비가 _____ .

3 큰 방으로 예약하긴 했지만 방에서 자는 사람이 많으니까 방이

_____ .

4 그 빵집은 인기가 많으니까 빨리 가 보세요.

빵이 다 팔리면 일찍 문을 _____ .

닫다
✓ 없다
오다
좁다

new 1) 장마철 the
rainy[wet] season

나 알맞은 것을 골라 바꿔 쓰십시오. 현재 불규칙

1 A 일본에서 친구가 와서 제가 안내해야 하는데,

좋은 식당을 좀 추천해 주세요.

B 저는 잘 모르는데요, 미나 씨가 맛있는 식당을

_____알지도 몰라요_____ . 미나 씨한테 한번 물어 보세요.

2 A 카밀라 씨가 언제 스페인으로 돌아가요?

B 글쎄요, 카밀라 씨는 한국 생활이 재미있다고 했으니까

계속 한국에서 _____ .

3 A 오늘은 옷을 좀 두껍게 입고 출근하세요.

B 이렇게 날씨가 따뜻한데요?

A 지금은 날씨가 따뜻하지만 오후에 비가 온다고 했어요.

저녁에 퇴근할 때는 날씨가 _____ .

춥다
듣다
살다
✓ 알다

4 A 다음 학기에는 무슨 수업을 들을 거예요?

B 1주일에 한 번씩 영화 수업을 들으려고 해요.

그런데 연극에도 관심이 있으니까 연극 수업도 _____ .

다 알맞은 것을 골라 바꿔 쓰십시오. **부정**

1 A 내일 파티 음식을 너무 많이 준비하지 마세요.

　B 왜요?

　A 모레 시험이 있으니까 사람들이 많이

　　　　안 모일지도 몰라요 / 모이지 않을지도 몰라요 　.

있다X
✓모이다X
화요일이다X
뛰어내리다X

2 A 카밀라 씨 집에 놀러 갑시다.

　B 카밀라 씨가 집에 _____.

　　그러니까 먼저 전화해 보세요.

new

2) 겁이 많다 to be cowardly

3 A 우리 이번 주말에 함께 번지 점프하러 가요.

　B 저도 해 보고 싶긴 한데 제가 겁이 많아서² _____.

4 A 우리 모임이 다음 주 화요일이지요?

　B 저도 잘 모르겠는데요.

　　한번 확인해 보세요.

'(명사) +－이다'의 부정은 '(명사)이/가 아니다'이다

라 알맞은 것을 골라 바꿔 쓰십시오. **과거**

1 A 이거 보민 씨 우산 아니에요?

　B 글쎄요, 가은 씨가 물건을 잘 잃어버리니까 가은 씨가

　　수업 후에 　　두고 갔을지도 몰라요　.

듣다
✓두고 가다
걸리다
결혼하다

2 A 카밀라 씨가 결혼했어요?

　B 잘 모르겠어요. 손에 반지를 끼고 다니니까

　　_____.

3 A 미나 씨가 어제 일 때문에 화가 많이 난 것 같아요.

　　아까 길에서 미나 씨를 불렀는데 대답을 안 했어요.

　B 그렇게 생각하지 마세요. 미나 씨가 못 _____.

4 A 유키 씨가 결석하는 것을 본 적이 없는데, 오늘 유키 씨가 학교에 안 왔어요.

　　웬일일까요?

　B 어제 집에 갈 때 비를 맞았어요. 그 비 때문에 감기에 _____.

가 자유롭게 대화를 완성하십시오.

1 A 미나 씨한테 같이 테니스 치자고 얘기해 볼까요?

B 미나 씨는 요즘 일이 많아서 피곤할지도 몰라요 .

2 A 유키 씨가 매운 음식을 잘 먹을까요?

B _____ .

3 A 어제 숙제가 많았는데 한스 씨가 숙제를 다 했을까요?

B _____ .

정리하면서 써 보세요

동사		과거	현재/미래	
	가다	갔을지도	갈지도	
	먹다			
ㅇ	쓰다			
ㄷ	듣다			
ㄹ	살다			
ㅂ	돕다			
르	부르다			
ㅅ	짓다			
형용사		과거	현재/미래	+ 모르다
	비싸다			
	작다			
ㅇ	크다			
ㄹ	멀다			
ㅂ	덥다			
르	빠르다			
있다				
농담이다				

단어

· 날씨와 여행

가 그림에 맞는 단어를 골라 쓰십시오.

동굴	숲	✓해수욕장	어시장

1   해수욕장
2 _____
3 _____
4 _____

나 다음 일기예보를 보고 알맞은 것을 고르십시오.

◈ 세계의 날씨			
서울	**도쿄**	**베이징**	**방콕**
☀	☂	☁	☀
-4/7	4/12	-2/10	26/34

1 도쿄의 최고 기온은 몇 도입니까?

    ① 4도   ② 12도

2 베이징의 날씨는 어떻습니까?

    ① 맑다   ② 흐리다

3 방콕 날씨에 대한 설명으로 틀린 것은 무엇입니까?

    ① 쌀쌀하다   ② 햇빛이 강하다   ③ 최저 기온은 26도다

· 말하기 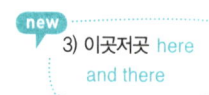 p.20

가 알맞은 것을 골라 연결하십시오.

1 조언하다　•————•　ㄱ. 도움이 되는 말을 하다

2 주의하다　•　　　•　ㄴ. 게으르지 않다

3 여러 군데　•　　　•　ㄷ. 이곳저곳³⁾, 다양한 장소

4 부지런하다　•　　　•　ㄹ. 조심하다

> new 3) 이곳저곳 here and there

나 알맞은 것을 골라 바꿔 쓰십시오.

1 **A** 우리 택시 타고 갈까?

　B 지금은 퇴근 시간이라서 ＿＿＿차가 밀릴＿＿＿ 지도 모르니까
　지하철을 타는 게 좋을 거야.

2 **A** 우산이 필요할까?

　B 여기는 날씨가 좋지만 거기는 비가 올지도 모르니까 가지고
　가는 게 ＿＿＿＿＿＿＿＿＿＿＿＿.

3 **A** 횡성에서 뭐 하셨어요?

　B 한우를 먹었는데 ＿＿＿＿＿＿＿＿＿＿＿＿.

4 **A** 여행 준비 다 됐어요?

　B 다 됐어요. 이제 ＿＿＿＿＿＿＿＿＿고 나가기만 하면 돼요.

> 낫다
> ✓ 차가 밀리다
> 부드럽다
> 가방을 메다

· 듣고 말하기 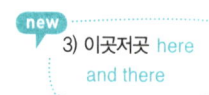 p.24

가 알맞은 것을 골라 바꿔 쓰십시오.

1 부모님 생신⁴⁾이라서 맛있는 식당을 ＿＿＿예약해야 돼요＿＿＿.

　예 영화표를 ＿＿＿＿＿＿＿, 비행기 표를 ＿＿＿＿＿＿＿

2 바쁜 일이 생겨서 가족들과 함께 가기로 한 여행을 ＿＿＿＿＿＿＿＿.

　예 약속을 ＿＿＿＿＿＿＿, 예약을 ＿＿＿＿＿＿＿,
　계획을 ＿＿＿＿＿＿＿

> ✓ 예약하다
> 취소하다
> 들이다
> 맞다

> new 4) 생신 a birthday (honorific form)

3 제 이야기가 _____ 는지 잘 들어 보세요.

　예 일기예보가 _____ , 그 사람 말이 _____

4 시간을 _____ 서 예쁜 크리스마스 카드를 만들었어요.

　예 시간을 _____ , 돈을 _____

·읽고 말하기 [SB] p.27

가 **알맞은 것을 골라 연결하십시오.**

1 바람이 •　　　• ㄱ. 뜨다

2 땀이 •　　　• ㄴ. 나다

3 해가 •　　　• ㄷ. 불다

나 **알맞은 것을 고르십시오.**

1 친구와 함께 기차를 타고 여행을 갔다.

　밤 10시에 출발해서 6시간 후에 도착할 때까지 눈이 _____ ① _____ 내렸다.

　☑ 밤새　　　　　② 새벽　　　　　③ 하루 종일

2 바닷가에서 _____ 잡은 신선한 생선으로 매운탕을 만들어 먹었다. 참 맛있었다.

　① 방금　　　　　② 이따가　　　　　③ 가끔

3 여행은 아주 즐거웠지만 시간이 짧아서 _____ . 다음에 꼭 다시 한 번 가고 싶다.

　① 신기했다　　　　② 아쉬웠다　　　　③ 이상했다

·단어 종합 문제

가   **알맞은 것을 골라 글을 완성하십시오.**

지난 주말에 동해안으로 여행을 갔다 왔다. 토요일 **1** <u>   새벽   </u>

5시에 일어나서 준비하고 아침 7시에 가방을 **2** _____고 집에서

나갔다. 여행을 같이 가는 친구와 청량리 역 시계탑에서 7시 반에 만났다.

약속 장소까지 가는 길은 조금 쌀쌀하고 **3** _____도 조금

끼어 있었다. 어제 일기예보에서는 날씨가 좋을 거라고 했는데 좀 흐린 것

같아서 걱정이 됐다.

우리는 기차를 타고 가면서 이번 여행 **4** _____을/를 짰다. 해

수욕장에 가서 바다를 구경하고, 어시장에 갔다. 어시장에는 방금 잡은

5 _____는 생선이 많았다. 어시장에서 먹은 회는 조금 비싸긴 했지만 참 맛있었다.

동해에는 어시장, 해수욕장, 환선굴, 설악산 등 **6** _____이/가 아주 많아서 참 재미있었다.

메다
✓ 새벽
코스
살아 있다
볼거리
안개

발음

가 **맞는 발음을 고르십시오.** CD 2

1 햇빛

① [핻삗]　　　　　　② [핻빋]

2 낮잠

① [낟짬]　　　　　　② [낟잠]

3 바닷가

① [바닫까]　　　　　② [바닫가]

나 **듣고 따라하십시오.** CD 3

1 A 갔다 와서 보자.

　 B 그래 잘 다녀와.

2 A 재미있게 놀다 와.

　 B 응, 고마워. 갔다 와서 연락할게.

다 **듣고 쓰십시오.** CD 4

1 _____ .

2 _____ .

1년 중 낮이 가장 긴 날을 뭐라고 하는지 아세요?

옛날에 한국에서는 태양의 위치에 따라 1년을 스물넷으로 나누었습니다. 이것을 절기라고 합니다. 24절기는 농사일에 필요해서 만든 것입니다. 다음은 24절기 중 대표적인 절기입니다.

입춘: 입춘은 봄의 시작을 알리는 날입니다. 날짜는 2월 4, 5일쯤으로 입춘 때에는 '입춘대길'이라는 글을 문에 붙이기도 하고 나물을 먹기도 합니다.

　⊙ 입춘대길: 봄을 맞이하여 모든 좋은 일들이 집안으로 들어오라는 뜻.

하지: 하지는 1년 중 낮의 길이가 가장 긴 날입니다. 날짜는 6월 21, 22일쯤입니다. 하지 이후 부터 더워지기 시작합니다.

입추: 입추는 가을의 시작을 알리는 날입니다. 날짜는 8월 8, 9일쯤으로 이때부터 밤에는 선선한 바람이 불기 시작합니다.

동지: 동지는 1년 중 밤의 길이가 가장 긴 날입니다. 날짜는 12월 22, 23일쯤으로 동짓날에는 팥죽을 먹습니다.

Do you know what we call the longest day of the year?

Long ago in Korea, the year was divided into 24 phases following the sun's movement. We call this *Jul-Gi*. The 24 *Jul-Gi* were created because of the sowing and reaping seasons of the farmers. The following days are the most significant days of the 24 *Jul-gi*.

- *Ip-Choon* heralds the first day of Spring. It is around February 4th or 5th, and on this day people hang a banner upon their front doors that reads *Ip-Choon-Dae-Gi*l and eat seasoned vegetables.
  - ⊙ *Ip-Choon-Dae-Gil* means "May the coming of Spring bring all and only good fortune into our homes."
- *Ha-Ji* is the longest day of the year. This day usually falls on June 21st or 22nd, after which the weather begins to get hotter.
- *Ip-Chu* lets us know that Fall has arrived. Usually starting around August 8th or 9th, a gentle cooling breeze begins to blow during the nights.
- *Dong-Ji* marks the longest night of the year. It is usually December 22nd or 23rd, and we eat *Pat-jook* (red bean porridge).

2과

음식

문법	p.22	- 을래요?
	p.26	- 네요
	p.30	- 아/어서②
단어	p.32	
발음	p.36	
쉬어가기	p.37	

의미 확인

가 알맞은 것을 골라 연결하십시오.

> 저는 갈비탕을 먹고 싶어요.
> 선생님은 뭐 드실래요?

1 저는 갈비탕을 먹고 싶어요. •   • ㄱ. 모니카 씨도 같이 공부하러 갈래요?

2 저는 소설⁵⁾을 좋아하니까 소설책을 •   • ㄴ. 선생님은 뭐 드실래요?
  사고 싶어요.

3 이번 주말에 우리 동호회에서 등산을 •   • ㄷ. 서진 씨도 같이 등산 갈래요?
  가요.

4 내일 도서관에 가서 공부할 거예요. •   • ㄹ. 너는 언제 먹을래?

5 나는 배가 고파서 지금 점심 먹을 거야. •   • ㅁ. 카밀라 씨는 무슨 책을 살래요?

5) 소설 a novel

연습

동사		형용사	있다	–이다 / 아니다
받침 ○	받침 ×			
–을래요?	– ㄹ래요?	×	기다리고 있을래요?	×
먹을래요?	갈래요?			

가 알맞은 것을 골라 바꿔 쓰십시오. 규칙

1 딸 : 내일 전시회에 가려고 하는데 어머니도 같이 ___가실래요___ ?

　　엄마: 나는 내일 일이 있어서 안 되니까 다른 친구하고 가는 게 어때?

2 친구: 새로 나온 영화가 많아요. 소영 씨, 무슨 영화 _____ ?

　　친구: 저는 액션 영화 빼고 아무거나 괜찮아요.

3 부하 직원: 부장님, 오랫동안 돌아다녀서 다리가 아프시지요?

　　　　　저기 자리가 비었는데[6] _____ ?

　　상사: 아니요, 괜찮아요. 저는 다음 역에서 내리니까 상우 씨가 앉으세요.

4 아빠: 다음 주가 졸업식이니까 졸업 선물로 옷 하나 사 줄게.

　　딸 : 정말요? 야, 신난다.

　　아빠: 어떤 거 _____ ?

　　딸 : 흰색 정장을 사고 싶어요.

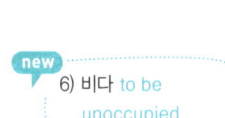

보다
사다
앉다
✓ 가다

new 6) 비다 to be unoccupied

나 알맞은 것을 골라 바꿔 쓰십시오. 불규칙

1 A 우리 음악 들으면서 청소할까요?

　　B 좋아요. 여기 CD가 많이 있는데, 무슨 음악 ___들을래요___ ?

　　A 신나는 음악으로 듣고 싶어요.

2 A 요즘 몸이 많이 약해진 것 같아요.

　　B 그래요? 그럼, 운동을 한번 해 보세요.

　　A 무슨 운동을 해야 할지 모르겠어요.

　　B 걷는 게 좋다고 들었는데, 저녁마다 저하고 같이 _____ ?

3 A 요즘 이사하려고 방을 구한다면서?

　　B 응, 좀 넓은 집으로 이사하고 싶은데 돈이 좀 부족해서 걱정이야.

　　A 그럼, 우리 집에서 같이 _____ ?

　　　같이 사는 친구가 다음 주에 고향으로 돌아가거든.

　　B 정말? 좋아, 좋아.

✓ 듣다
살다
걷다

2과

다 | -아/어 주실래요? | **알맞은 것을 골라 바꿔 쓰십시오.**

1 A 지금 제가 지갑을 안 가지고 왔는데요,

　동전 좀 　_빌려 주실래요_　?

　B 네, 빌려 드릴게요. 여기 있어요.

2 A 너무 무거운데 이거 좀 ＿＿＿＿＿＿＿＿＿＿?

　B 네, 들어 드릴게요.

3 A 앤디 씨한테 전화해야 하는데 전화번호를 모르겠어요.

　전화번호 알면 좀 ＿＿＿＿＿＿＿＿＿＿?

　B 미안해요. 저도 잘 몰라요.

4 A 지금 너무 시끄러운데 창문 좀 ＿＿＿＿＿＿＿＿＿＿?

　B 네, 닫아 드릴게요.

> 들다
> ✓ 빌리다
> 가르치다
> 닫다

활용

가 | **자유롭게 대화를 완성하십시오.**

1 A 저하고 같이 영화 보러 갈래요?

　B 네, 좋아요. _영화 본 다음에 저녁도 같이 먹어요_.

2 A 보민아, 뭐 마실래?

　B ＿＿＿＿＿＿＿＿＿＿＿＿＿＿＿＿.

3 A 좀 시끄러운데 라디오 좀 꺼 주실래요?

　B ＿＿＿＿＿＿＿＿＿＿＿＿＿＿＿＿.

4 A 제가 저녁마다 공원을 걸으려고 하는데 같이 걸으실래요?

　B ＿＿＿＿＿＿＿＿＿＿＿＿＿＿＿＿.

5 A 펜 좀 빌려 주실래요?

　B ＿＿＿＿＿＿＿＿＿＿＿＿＿＿＿＿.

6 A 제가 사진을 찍어 드릴게요. 어디에서 찍으실래요?

　B ＿＿＿＿＿＿＿＿＿＿＿＿＿＿＿＿.

정리하면서 써 보세요

동사		-을래요?	-아/어 주실래요?
	가다	갈래요?	가 주실래요?
	찍다		
⓪	쓰다		
ⓓ	듣다		
ⓡ	열다		
ⓑ	돕다		
ⓡ	부르다		
ⓢ	짓다		
기다리고 있다			

문법 -네요

📘 SB p.35　📖 별책 p.9

의미 확인

가 알맞은 것을 고르십시오.

✓ ㄱ. 비싸네요	ㄴ. 작네요	ㄷ. 귀엽네요

1 이 카메라 사는 게 어때요?

야, 카메라가 정말 ___ㄱ___.

2 우리 아이예요.

정말 _____.

3 방이 마음에 들어요?

깨끗하긴 하지만 좀 _____.

연습

동사	형용사	있다 / 없다	-이다 / 아니다	
			받침 ○	받침 ×
-네요	-네요	있네요	선생님이네요	가수네요
먹네요	작네요			

가 알맞은 것을 골라 바꿔 쓰십시오. `현재 규칙`

1 A 미나 씨, 닭갈비 맵지 않아요?

  B 아니요, 아주 맛있는데요.

  A 미나 씨는 매운 음식도 잘 ___먹네요___.

2 A 아직도 숙제하고 있어요?

  B 네, 생각보다 시간이 많이 _____.

3 A 앗!

  B 왜요? 무슨 문제 있어요?

  A 지갑에 돈이 있다고 생각했는데, 지금 보니까 _____.

4 A 갑자기 날씨가 쌀쌀해진 것 같아요.

  B 맞아요, 날씨가 많이 _____.

> ✓ 먹다
> 없다
> 춥다
> 걸리다

나 알맞은 것을 골라 바꿔 쓰십시오. `현재 불규칙`

1 A 한스 씨, 이 김밥 직접 만들었어요?

  B 네, 아침에 일찍 일어나서 만들었어요. 맛이 어때요?

  A 아주 맛있어요. 한스 씨는 김밥을 정말 잘 ___만드네요___.

2 A 오랜만에 등산하니까 기분이 좋지요?

  B 네, 기분이 좋긴 하지만 생각보다 좀 _____.

3 A 유키 씨, 우리 어디에서 식사할까요?

  B 제가 인사동에 있는 한식집을 아는데, 거기로 갈까요?

  A 네, 좋아요. 유키 씨는 좋은 식당을 많이 _____.

> ✓ 만들다
> 알다
> 힘들다

다 알맞은 것을 골라 바꿔 쓰십시오. `과거`

1 A 소영아, 안녕?

  B 어, 보민이구나, 오늘 학교에 일찍 ___왔네___.

2 A 저녁 9시밖에 안 됐는데 식당이 문을 _____.

  B 그럼, 다른 식당에 가서 식사합시다.

> 찍다
> 퇴근하시다
> 닫다
> ✓ 오다

3 A 김 부장님 계세요?

　B 잠깐만요. (잠시 후) 김 부장님은 벌써 _____.

4 A 사진을 정말 잘 _____.

　B 네, 작년에 찍은 사진인데 괜찮아요?

활용

가 소영 씨가 보통 때와 오늘 모습[7]이 다릅니다. 소영 씨를 만나면 뭐라고 칭찬할 거예요?

보통 때 소영 씨　　　　　　　　　오늘 소영 씨

1 오늘 참 예쁘네요.

2 안경을 _____.

3 _____.

4 _____.

5 _____.

7) 모습 appearance

28

정리하면서 써 보세요

	동사	과거	현재
	가다	갔네요	가네요
	먹다		
으	쓰다		
ㄷ	듣다		
ㄹ	만들다		
ㅂ	돕다		
르	부르나		
ㅅ	짓다		

	형용사	과거	현재
	비싸다		
	작다		
으	크다		
ㄹ	멀다		
ㅂ	덥다		
르	빠르다		

있다		
학생이다		

가 알맞은 것을 고르십시오.

> ㄱ. 싸서 　　　 ㄴ. 찍어서 　　✓ㄷ. 덜어서 　　　 ㄹ. 비벼서

1 A 해물탕은 어떻게 먹어요?

　B 끓으면 그릇에 _____ㄷ_____ 먹으면 돼요.

2 A 이 고기는 그냥 먹어요?

　B 네, 그런데 상추에 _____ 드시면 더 맛있어요.

3 A 비빔밥은 어떻게 먹는 것이 좋아요?

　B 숟가락보다 젓가락으로 _____ 먹으면 좋아요.

4 A 이 파전은 그냥 먹으면 돼요?

　B 그래도 되지만 싱거우면 간장에 _____ 드세요.

가 한 문장으로 쓰십시오.

1 커피에 설탕을 넣어요 + (그 커피를) 마셔요.

→ 커피에 설탕을 넣어서 마셔요 .

2 크리스마스 때 카드를 썼어요. + (그 카드를) 보냈어요.

→ _____ .

3 제가 서류를 복사할게요. + (복사한 종이를) 드릴게요.

→ _____ .

4 선물을 포장해요. + (그 선물을) 주는 게 어때요?

→ _____?

5 저녁을 만들어요. + (그 저녁을) 먹읍시다.

→ _____.

'-고'는 두 동작을 대등하게 연결할 때 사용하고, '-아/어서'는 시간적으로 연속된 동작을 연결할 때 사용한다.

A : 오늘 저녁에 뭐 하실 거예요?
B : 저녁을 만들고 청소를 할 거예요.

A : 오늘 저녁에 뭐 하실 거예요?
B : 저녁을 만들어서 먹을 거예요.

※ 서강 한국어 2A 3과 (-아/어서②), 3B 2과 추가 문법 페이지를 참고하세요.

활용

가 **자유롭게 대화를 완성하십시오.**

1 A 여러분 나라에도 싸서 먹는 음식이 있어요?

B _____.

2 A 여러분은 크리스마스 때 카드를 만들어서 보내요, 사서 보내요?

B _____.

3 A 여러분은 저녁을 만들어서 먹어요? 보통 어떤 음식을 만들어요?

B _____.

4 A 여러분이 아침에 일어나서 제일 먼저 하는 일이 뭐예요?

B _____.

· 음식

가 알맞은 것을 골라 바꿔 쓰십시오.

음식 재료	✓ 파 야채 해물 소고기

먹는 방법	싸다 찍다 덜다 굽다 비비다

무슨 음식이에요? (음식 이름)	뭘로 만든 거예요? (음식 재료)	어떻게 먹는 거예요? (먹는 방법)
파전	밀가루, **1** ___파___	양념간장에 **2** _____ 서 먹어요.
불고기	**3** _____	고기를 **4** _____ 다음에 상추에 **5** _____ 서 먹어요.
해물탕	여러 가지 **6** _____	다 끓으면 작은 그릇에 **7** _____ 서 먹어요.
돌솥 비빔밥	밥하고 **8** _____	고추장을 넣고 **9** _____ 서 먹어요.

·말하기 📘 p.36

가 알맞은 것을 골라 바꿔 쓰십시오.

한스	미나 씨, 뭐 드실래요?
미나	저는 닭고기 **1** ___빼___ 고 다 잘 먹어요.
한스	그래요? 그럼, 삼겹살 먹을래요?
미나	네, 좋아요. 그럼, 삼겹살 먹으러 갑시다.

부족하다
후식
✓ 빼다
불판

한스	정말 맛있네요. 그런데 고기가 좀 **2** _____ 지 않아요?
미나	조금요. 그럼, 우리 1인분 더 시킬까요?
한스	아저씨, 여기 삼겹살 1인분 더 주세요.
미나	아저씨, 여기 **3** _____ 이/가 좀 더러우니까 좀 갈아주시겠어요?
아저씨	네, 알겠습니다.
미나	맛있게 잘 먹었어요. 우리 **4** _____ 으로 시원한 아이스크림 먹으러 갈까요? 제가 살게요.

·듣고 말하기 📘 p.40

가 알맞은 것을 골라 바꿔 쓰십시오.

1 힘이 ___생기다___ : 힘이 없었는데 삼계탕을
먹으니까 힘이 ___생겼어요___ .

2 땀을 _____ : 운동하는 동안 땀을 많이
_____ 서 옷이 다 젖었어요.[8]

3 줄을 _____ : 식당에 사람이 많아서 식당
앞에서 오랫동안 줄을 _____ 서 기다렸어요.

4 닭이 _____ : 오늘 삼계탕을 먹는 사람이 너무 많아서
식당의 닭이 _____ .

서다
흘리다
✓ 생기다
다 떨어지다

 8) 젖다 to be wet

나 알맞은 것을 골라 쓰십시오.

A 오늘 1 <u>　복날　</u> 인데 삼계탕 먹으러 갈까요?

B 네 좋아요. 어디로 갈까요?

A 학교 앞에 삼계탕 집이 있어요. 거기 어때요?

B 그래요. 거기로 갑시다.

〈잠시 후〉

A 사람이 많아서 좀 기다려야 할 것 같은데 괜찮겠어요?

B 네, 괜찮아요. 그런데 한국 사람들은 왜 더운 여름에 뜨거운 삼계탕을 먹어요?

A 더운 날 뜨거운 음식을 먹으면서 2 <u>　　　　　</u> 을/를 이기려고 먹어요.

B 아, 그렇군요. 이제 우리 3 <u>　　　　　</u> 예요. 들어갑시다.

더위
✓ 복날
차례

· 읽고 말하기 📖 p.43

가 알맞은 것을 골라 바꿔 쓰십시오.

1 어제 내 생일이라서 친구들과 함께 한정식 식당에 갔어요.

　한정식을 처음 먹어 봤는데 음식이 다 맛있고 <u>입에 맞았어요</u> .

2 친구가 만든 케이크가 <u>　　　　　　　</u> 고 맛있어서

　아주 많이 먹었어요.

3 아침에 일어나니까 전날 마신 술 때문에 <u>　　　　　　　　</u> .

4 친구가 만들어 준 콩나물국을 먹으니까 <u>　　　　　</u> 졌어요.

✓ 입에 맞다
속이 불편하다
속이 시원하다
달콤하다

·단어 종합 문제

가 **알맞은 것을 골라 대화를 완성하십시오.**

국물	뭘로 만든 거예요
덜	✓ 점심시간이 다 됐네요
메뉴판	둘이 먹다가 하나가 죽어도 모를 만큼 맛있어요

A 1 ___점심시간이 다 됐네요___ . 식사하러 갑시다.

〈식당에서〉

A 아저씨, 여기 2 _____ 좀 주세요. 뭐 드실래요?

B 날씨가 추우니까 따뜻한 3 _____ 이/가 있는 것이 먹고 싶어요.

A 그럼, 해물탕 어때요?

B 해물탕이요? 그건 4 _____ ?

A 해물탕은 여러 가지 해물을 넣고 끓인 거예요.

B 제가 너무 매운 것은 잘 못 먹는데 매워요?

A 조금 맵긴 한데 아주머니한테 좀 5 _____ 맵게 해 달라고 하면 괜찮을 거예요.

B 네, 그럼 그걸로 해요. 여기 해물탕 주세요.

A 어때요? 맛있지요?

B 네, 정말 맛있네요. 6 _____ .

발음

가 받침 'ㅇ, ㅁ'의 발음에 주의하면서 따라 읽으십시오. CD 5

1 방금

2 양념

3 상담

나 듣고 따라하십시오. CD 6

1 A 오늘은 닭이 다 떨어졌어요.

   B 네? 뭐라고요?

2 A 좀 오래 기다려야 할 것 같은데 괜찮겠어요?

   B 이야기 좀 하면서 기다리지요, 뭐.

다 듣고 쓰십시오. CD 7

1 _____ .

2 _____ .

명절에는 무슨 음식을 먹을까요?

송 편 : 송편은 추석 (음력 8월 15일) 때 먹는 떡입니다. 송편을 예쁘게 만들면 예쁜 신부, 잘생긴 신랑을 만난다거나 예쁜 딸을 낳는다는 미신이 있어서 송편을 만들 때에 정성을 많이 기울입니다.

떡 국 : 떡국은 설날 (음력 1월 1일)에 먹는 음식입니다. 떡국의 재료인 가래떡은 길기 때문에 오래 사는 것을 의미합니다.

오곡밥 : 오곡밥은 정월 대보름 (음력 1월 15일)에 먹는 음식입니다. 오곡밥은 쌀, 조, 팥, 수수, 콩 등 다섯 가지 곡식으로 만든 밥입니다. 정월 대보름에 여러 가지 나물과 같이 먹습니다.

팥 죽 : 팥죽은 동지에 먹는 음식입니다. 옛날 사람들은 귀신이 붉은 색을 싫어한다고 생각했기 때문에 붉은색을 가진 팥으로 죽을 만들어 먹었다고 합니다. 동지 팥죽에는 나이 수만큼 새알심(팥죽에 찹쌀로 둥글게 만들어 넣는 떡)을 넣어 먹는 풍습이 있습니다.

On Chu-Suk, Korean Thanksgiving, what foods do we eat?

Song-pyun is a special type of rice-cake that is eaten during *Chu-Suk* (the 15th day of the 8th lunar month). According to tradition, if you make *Song-pyun* pretty, you will meet a beautiful wife or a handsome husband, or have a beautiful daughter. Because of this superstition, a lot of care and time is devoted to preparing *Song-pyun*.

We eat *Dduk-gook* on *Sul-Nal*, the first day of the first lunar month. *Garae-dduk* is the main ingredient used in *Dduk*-gook and carries the meaning of a long life because its shape is very long.

We eat *Oh-gok-bap* on the first full moon of the lunar year (the 15th day of the 1st lunar month), along with different kinds of seasoned vegetables. *Oh-gok-bap* is a type of rice made with several grains such as rice, yellow millet, and red beans.

We eat *Pat-jook* on *Dong-ji*, the longest night of the year. People long ago believed that ghosts disliked the red color, so they made porridge using red beans and ate it. A round ball of sweet rice, called *Sae-al-shim*, is an important ingredient in *Pat-jook*. It is customary to add the same number of *Sae-al-shim* as your age.

3과

건강

문법	p.40	- 았/었더니①
	p.42	- 았/었더니②
	p.44	- 다가②
단어	p.46	
발음	p.50	
쉬어가기	p.51	

문법 -았/었더니①  SB p.50 별책 p.10

의미 확인

가 의미에 맞게 알맞은 것을 골라 연결하십시오.

> 여러분, 주말 잘 지내셨어요?
> 저는 주말에 푹 쉬었더니
> 지금 아주 기분이 좋아요.
> 여러분은 어떠세요?

1 카밀라 "저는 노래방에 가서 노래를 많이 불렀더니 •

2 앤디 "저는 오랜만에 등산을 했더니 •

3 유키 "친구 만나서 재미있게 놀았더니 •

4 한스 "일이 많아서 어제 잠을 많이 못 잤더니 •

5 모니카 "주말에 계속 컴퓨터를 했더니 •

• ㄱ. 다리가 아파요."

• ㄴ. 졸려요."

• ㄷ. 어깨가 아파요."

• ㄹ. 기분이 좋아요."

• ㅁ. 목이 아파요."

연습

동사	형용사	있다	-이다 / 아니다
-았/었더니 먹었더니	×	기다리고 있었더니	×

가 알맞은 것을 골라 바꿔 쓰십시오.

1 낮에 커피를 많이 ___마셨더니___ 지금 잠이 안 와요.

2 시간이 없어서 점심을 급하게 _____ 지금 배가 아파요.

3 어제 많이 _____ 다리가 아파요.

4 놀이 기구를 계속 _____ 어지러워요[9].

5 친구들하고 오랜만에 만나서 재미있게 _____

   스트레스가 다 풀렸어요.

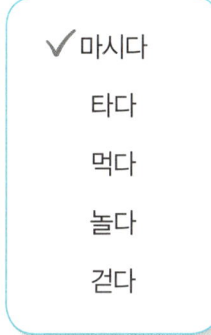

✓ 마시다
타다
먹다
놀다
걷다

9) 어지럽다 to be dizzy

나 알맞은 것을 골라 바꿔 쓰십시오. 부정

1 어젯밤에 더워서 잠을 못 잤더니 / 안 잤더니 피곤해요.

2 시간이 없어서 아침을 _____ 배가 너무 고파요.

3 공부를 _____ 하나도 모르겠어요.

4 커피를 _____ 수업 시간에 졸려요.

✓ 자다X
마시다X
먹다X
하다X

활용

가 자유롭게 대화를 완성하십시오.

1 A 어디 아프세요?

   B 네, 갑자기 운동을 많이 했더니 힘들어요.

2 A 몸이 안 좋아 보이는데 어디 아파요?

   B _____ 어깨가 아파요.

3 A 무슨 좋은 일 있어요? 기분이 좋아 보여요.

   B _____ 기분이 좋아요.

4 A 무슨 일 있어요? 정신이 없어 보여요.

   B _____ 정신이 없어요.

문법 −았/었더니②

SB p.51 별책 p.11

의미 확인

가 알맞은 것을 고르십시오.

> ㄱ. (친구가) 다음 주 금요일에 본대요
>
> ✓ ㄴ. (친구가) 일곱 시에 일어난대요
>
> ㄷ. (의사 선생님이) 다음 주에 한 번 더 오라고 했어요
>
> ㄹ. (상담원이) 서비스 기사를 보내 준대요

1 친구에게 몇 시에 일어나냐고 물어봤더니 _____ㄴ_____.

2 투안 씨가 A/S 센터에 전화했더니 _____.

3 병원에 갔더니 _____.

4 친구한테 언제 시험 보냐고 물어봤더니 _____.

연습

가 한 문장으로 쓰십시오.

1 이가 아파서 치과에 갔어요. + (의사 선생님이) 1주일 후에 다시 한 번 오래요.

→ 이가 아파서 치과에 갔더니 1주일 후에 다시 한 번 오래요.

2 보민이한테 주말에 뭐 할 거냐고 물어봤어요. + (보민이가) 동아리에서 엠티(M.T)를 갈 거래요.

→ _____.

3 새로 나온 문법책을 사러 서점에 갔어요. + (직원이) 그 책이 다 팔려서 없대요.

→ _____.

4 미나 씨에게 주말에 같이 영화 보자고 했어요. + (미나 씨가) 다른 약속이 있대요.

→ _____.

5 제가 삼계탕 전문점에 갔어요. + (종업원이) 닭이 다 떨어졌대요.

→ _____.

활용

가 **자유롭게 문장을 완성하십시오.**

1 안과에 갔더니 (의사선생님이) <u>안경을 쓰라고 했어요</u> .

2 친구한테 어디가 아프냐고 물어봤더니 (친구가) _____ .

3 여자/남자 친구한테 헤어지자고 했더니 (여자/남자 친구가) _____ .

4 한국어가 힘들어서 공부를 그만두겠다고 했더니 (선생님이) _____ .

5 제가 농담¹⁰⁾을 했더니 _____ .

10) 농담 a joke

정리하면서 써 보세요

동사		-았/었더니
	만나다	만났더니
	읽다	
으	쓰다	
ㄷ	듣다	
ㄹ	살다	
ㅂ	돕다	
르	부르다	
ㅅ	짓다	
공부하고 있다		

💬 **의미 확인**

가 그림을 설명하는 알맞은 문장을 고르십시오.

1 ____ ㄷ   2 ____   3 ____

ㄱ. 계단을 내려가다가 넘어져서 팔을 다쳤어요.

ㄴ. 축구하다가 발목을 다쳤어요.

✓ ㄷ. 요리하다가 손을 다쳤어요.

💬 **연습**

동사	형용사	있다	- 이다 / 아니다
- 다가 읽다가	×	의자에 앉아 있다가	×

가 알맞은 것을 골라 바꿔 쓰십시오.

1 카밀라 씨가 편의점으로 ___뛰어 가다가___ 넘어졌어요.

2 유키 씨가 _____ 손을 베었어요.

3 윤호 씨가 위험하게 _____ 사고를 냈어요.

4 모니카 씨가 스케이트를 _____ 넘어져서 다리를 다쳤어요.

✓ 뛰어 가다
요리하다
타다
운전하다

가 자유롭게 대화를 완성하십시오.

1 A 다친 적이 있어요? 어떻게 하다가 다쳤어요?

  B 어렸을 때 친구들하고 놀다가 팔이 부러진 적이 있어요.

2 A 어떻게 하다가 넘어졌어요?

  B _____ .

3 A 어떻게 하다가 다리를 다쳤어요?

  B _____ .

4 A 어떻게 하다가 교통사고를 냈어요?

  B _____ .

정리하면서 써 보세요

	동사	-다가
	가다	가다가
	먹다	
으	쓰다	
ㄷ	듣다	
ㄹ	살다	
ㅂ	줍다	
르	부르다	
ㅅ	짓다	

3과

· 건강

가 알맞은 것을 골라 쓰십시오.

어느 병원에 가야 돼요?

1 눈 →
2 코, 목, 귀 →
3 이 → _____치과[11]_____
4 피부 →
5 배 →

> 내과
> 안과
> ✓ 치과[11]
> 피부과
> 이비인후과

new 11) 치과 a dental clinic

나 알맞은 것을 골라 쓰십시오.

> 목이 붓다   발목을 삐다   콧물이 나다   눈이 충혈되다   손을 데다
> 팔이 부러지다   ✓소화가 안 되다   얼굴에 뭐가 나다   손가락을 베다

지금 어떻게 아파요?

1 음식을 급하게 먹었어요.   소화가 안 돼요.

2 화장품을 바꿨어요.

3 큰 소리로 말을 너무 많이 했어요.

4 코감기에 걸렸어요.

5 렌즈를 깨끗이 닦지 않고 꼈어요.

6 스키를 타다가 넘어졌어요. (2개)

7 요리를 하다가 칼에 다쳤어요.

8 뜨거운 냄비를 만졌어요.[12]

new 12) 만지다 to touch

·말하기 📗 p.53

가 알맞은 것을 골라 바꿔 쓰십시오.

1 1) 점심을 ___급하___ 게 먹었더니 소화가 안 돼요.

   2) _____ 일이 생겨서 집에 일찍 갔어요.

✓ 급하다
차다
얇다

2 1) 어제 옷을 _____ 게 입었더니 춥고 콧물이 나요.

   2) 어제 책을 샀는데 책이 _____ 서 빨리 읽었어요.

3 1) 감기에 걸렸으니까 너무 _____ 음식을 먹지 마세요.

   2) 이 옷은 뜨거운 물에 빨래를 하면 안 돼요.

   _____ 물에 빨래하세요.

나 알맞은 것을 골라 쓰십시오.

1 요즘 자주 배가 아파서 ___진찰___ 을/를 받으러 병원에 갔다.

2 병원에 치료를 받으러 갔는데 _____ 시간이 끝나서
치료를 못 받았다.

3 요즘 날씨가 추워서 감기 _____ 이/가 많아졌다.

4 의사의 _____ 에 따라서 약국에 가서 약을 지었다.

환자
접수
✓ 진찰
처방

·듣고 말하기 📗 p.58

가 알맞은 것을 골라 바꿔 쓰십시오.

약사: 어떻게 오셨어요?

손님: 소화도 안 되고 속도 **1** ___답답해___ 서 왔는데요.

   2 _____ 을/를 먹었는데도 계속 속이 불편해요.

약사: 그래요? 그럼, 이 약을 드셔 보세요.

손님: 네, 얼마 동안 먹어야 돼요?

약사: 우선 **3** _____ 드릴게요.
   그 다음에도 계속 문제가 있으면 다시 오세요.

3일치
✓ 답답하다
자극적이다
소화제

손님: 알겠습니다. 매운 음식은 먹어도 돼요?

약사: 아니요, 4 _____ 음식은 드시지 마세요.

·읽고 말하기 📖 p.61

가 **알맞은 것을 골라 연결하십시오.**

1 건강을 • • ㄱ. 풀다
2 관심이 • • ㄴ. 끌다
3 인기를 • • ㄷ. 지키다
4 스트레스를 • • ㄹ. 높아지다

나 **알맞은 것을 골라 쓰십시오. 그리고 예문을 만드십시오.**

1 _____마찬가지_____ : 서로 서로 같음.

예 사람이면 누구나 다 건강하게 오래 살기를 바라는데

이것은 한국 사람도 _____마찬가지다_____ .

예 _____

┌─────────────┐
│   전부   │
│ ✓ 마찬가지   │
│   최근   │
└─────────────┘

2 _____ : 요즘, 바로 얼마 전부터 지금까지.

예 _____ 에는 스쿼시, 재즈 댄스, 요가 등 프로그램들이 다양해지고 있다.

예 _____

3 _____ : 모두, 뺀 것이 없이.

예 전에는 수영장이나 헬스클럽에서 운동하는 것이 _____ 였지만 요즘에는

운동 방법이 다양해지고 있다.

예 _____

·단어 종합 문제

가 순서대로 쓰십시오.

〈병원에 가서〉

> ㄱ. 처방전을 받다   ㄴ. 의사에게 치료를 받다
>
> ㄷ. 의사에게 진찰을 받다   ㄹ. 접수처에서 접수를 하다

ㄹ → _____ → _____ → _____

〈약국에 가서〉

> ㄱ. 약을 받다   ㄴ. 약사에게 처방전을 내다   ㄷ. 복용하다

_____ → _____ → _____

나 알맞은 것을 골라 글을 완성하십시오.

> 꾸준히   가다   쌓이다   ✓ 내려가다   깁스하다

오늘 아침에 계단을 **1** ___내려가___ 다가 넘어졌다. 병원에 **2** _____ 더니 의사선생님이 다리가 부러졌으니까 일주일 동안 움직이지 말라고 했다. 그리고 발목이 부러져서 **3** _____ 야 한다고 하셨다. 또한 다 나아도 뛰거나 많이 걷지 말라고 하시면서 다리가 다 나을 때까지 매일 하루에 한 시간씩 규칙적으로 다리 운동을 하라고 했다. 그 말을 듣고 내가 너무 실망하니까 의사 선생님은 약을 잘 먹고 **4** _____ 운동하면 금방 나을 수 있으니까 너무 걱정하지 말라고 했다. 일주일 동안 움직일 수 없다고 생각하니까 너무 스트레스가 **5** _____. 빨리 나았으면 좋겠다.

발음

가 맞는 발음을 고르십시오. CD 8

1 늙다
① [늑따]   ② [늘따]

2 읽다
① [익따]   ② [일따]

3 맑다
① [막따]   ② [말다]

나 듣고 따라하십시오. CD 9

1 A 어제 다리를 다쳤어요.

B 어떻게 하다가 그랬어요?

A 샤워하다가 미끄러졌어요.

2 A 뭐 잘못 드셨어요?

B 특별히 잘못 먹은 것은 없는데 속이 불편해요.

다 듣고 쓰십시오. CD 10

1 _____.

2 _____.

여러분은 체했을 때 어떻게 하세요?

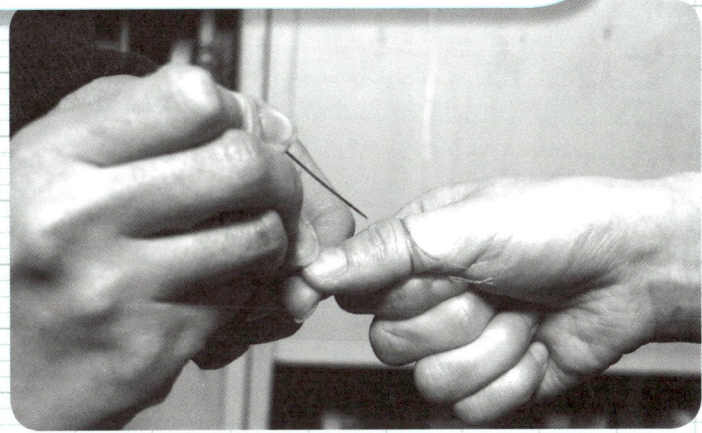

　한국에서는 체했을 때 민간요법으로 손을 따곤 합니다. 엄지손톱 아래의 가운데 부분을 소독한 바늘로 찔러서 피를 내는 것입니다.

　아이가 아플 때에는 '엄마 손은 약손'이라고 하면서 엄마가 아이의 배를 만져 줍니다. 또한 등을 두드리기도 하는데, 특히 등에서 가장 아픈 부분을 계속 두드리면 체한 것이 낫는다고 합니다. 보리차나 매실 음료를 마시는 것도 효과가 있다고 합니다.

What do you do when you have indigestion?

　In Korea, indigestion is often treated by an ancient folk method of pricking your hand with a needle. You prick the middle part of the end of your thumb with a sterilized needle, so that a drop of blood comes out.

　Usually, when a child has a stomachache, the mother will sing, "Mother's hand is a Medicine Hand" while rubbing her child's stomach. Also, we lightly pound the back, especially where it hurts the most, in order to aid digestion.

　Drinking barley tea or green plum juice is also said to be quite effective for relieving indigestion.

4과

쇼핑

문법	p.54	- 더라고요
	p.57	- 게
단어	p.59	
발음	p.63	
쉬어가기	p.64	

문법 -더라고요

SB p.68 별책 p.14

의미 확인

가 알맞은 것을 고르십시오.

지난 주말에 친구를 만나서 서울 여기저기를 구경했어요.

- ✓ ㄱ. 멋있더라고요
- ✓ ㄴ. 다양하더라고요
- ✓ ㄷ. 크더라고요
- ✓ ㄹ. 많더라고요

1 인사동에 가서 점심을 먹었는데, 인사동에 사람이 __ㄹ__ .

2 용산 전자 상가에 전자 사전을 사러 갔는데, 전자 사전 종류가 다양하더라고요

3 박물관을 관람했는데, 박물관에 10,000명 이상 들어갈 정도로 크더라고요.

4 N서울 타워에 가서 야경[13]을 봤는데, 야경이 멋있더라고요

new
13) 야경 a night view

연습

동사	형용사	있다 / 없다	-이다 / 아니다	
			받침 ○	받침 ×
-더라고요	-더라고요	있더라고요	선생님이더라고요	가수더라고요
가더라고요	작더라고요			

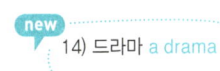

가 **알맞은 것을 골라 바꿔 쓰십시오.**

> ✓ 비싸다
> ✓ 부르다
> ✓ 치다
> ✓ 재미있다
> ✓ 많다

1 카밀라 씨가 테니스 치는 것을 봤는데 정말 잘 치더라고요 .

2 지난주에 서울 대공원에 갔는데 동물들이 많더라고요 .

3 어제 새로 시작한 드라마14)를 봤는데 재미있더라고요 .

4 작년에 콘서트에 가서 노래를 들었는데 가수가 노래를 정말 잘

부르더라고요 .

5 요즘 주말에 이사할 집을 구하러 다니고 있는데, 집이 정말 비싸더라고요 .

14) 드라마 a drama

나 **알맞은 것을 고르십시오.**

1 한스 씨가 숙제하는 것을 도와주려고 했는데 혼자서 벌써 다 (① 하더라고요 / ② 했더라고요).

2 오랜만에 가 보니까 집을 벌써 다 (① 짓더라고요 / ② 지었더라고요).

3 윤호 씨 생일이라서 제가 저녁을 사려고 했는데 윤호 씨가 벌써 돈을 (① 내더라고요 / ② 냈더라고요).

4 정말 좋은 책이 있어서 유키 씨한테 빌려 주고 싶었는데 유키 씨는 벌써 그 책을

(① 읽더라고요 / ② 읽었더라고요).

활용

가 **자유롭게 대화를 완성하십시오.**

1 A 왜 이렇게 늦게 오셨어요?

   B 퇴근 시간이라서 차가 많이 막히더라고요 .

2 A 주말에 등산할까요?

   B _____ .

3 A 좋은 식당 좀 추천해 주세요.

   B _____ .

4 A 청계천에 가 보니까 어때요?

   B _____ .

4과

동사		- 더라고요	- 았/었더라고요
	만나다	만나더라고요	만났더라고요
	읽다	읽더라고요	읽었더라고요
으	쓰다	쓰더라고요	썼더라고요
ㄷ	듣다	듣더라고요	들었더라고요
ㄹ	살다	살더라고요	살았더라고요
ㅂ	돕다	돕더라고요	도왔더라고요
르	부르다	부르더라고요	불렀더라고요
ㅅ	짓다	짓더라고요	지었더라고요

형용사		- 더라고요
	싸다	싸더라고요
	좋다	좋더라고요
으	기쁘다	기쁘더라고요
ㄹ	길다	길더라고요
ㅂ	쉽다	쉽더라고요
르	다르다	다르더라고요
있다		있더라고요
학생이다		학생이더라고요

의미 확인

가 **알맞은 것을 고르십시오.**

1 A 오늘은 일찍 잘까요?

  B 네, 내일 아침에 (✓ 일찍 일어날 수 있게 / ② 늦게 일어날 수 있게) 오늘 일찍 잡시다.

2 A 문을 열까요?

  B 네, 사람들이 (① 들어올 수 있게 / ② 들어오지 못하게) 문을 열어 주세요.

3 A 우리가 너무 떠들었지요?[15]

  B 네, 이제 아기가 잘 시간이에요. 아기가 잘 (① 잘 수 있게 / ② 깰 수 있게) 조용히

    해 주시겠어요?

4 A 단어를 공책에 쓸까요?

  B 네, 배운 단어를 (① 잊어버리게 / ② 잊어버리지 않게) 공책에 쓰면서 연습하세요.

> **new**
> 15) 떠들다 to talk loud

연습

동사	형용사	있다 / 없다	-이다 / 아니다
-게	×	먹을 수 있게	×
먹게			

가 **알맞은 것을 골라 바꿔 쓰십시오.**

1 컴퓨터를 빨리 _____고칠 수 있게_____ A/S 기사를 부르세요.

2 여기 너무 시끄럽지요? 조용히 _____ 다른 곳으로 갈까요?

3 저도 뉴스를 _____ 라디오 소리를 높여 주세요.[16]

4 신청서에 이름을 _____ 펜 좀 빌려주세요.

얘기하다
✓ 고치다
쓰다
듣다

> **new**
> 16) 소리를 높이다 to turn up the volume (on the stereo)

나 **알맞은 것을 골라 바꿔 쓰십시오.** 부정

1 길이 미끄러우니까 <u>넘어지지 않게 / 안 넘어지게</u> 조심해서 걸으세요.

2 피곤하세요? 그럼, 회의 시간에 _____ 지금 커피를 드세요.

3 공연이 시작됐으니까 사람들이 _____ 문을 잠그세요.[17]

4 결혼식에 _____ 택시를 타고 갈까요?

들어오다 X

✓ 넘어지다 X

졸리다 X

늦다 X

new
17) 잠그다 to lock

활용

가 **자유롭게 대화를 완성하십시오.**

1 A 친구와 한 약속을 자주 잊어버리는데 어떻게 하면 좋을까요?

B <u>약속을 잊어버리지 않게 메모를 해 보세요</u>.

2 A 이번 파티 때 음식을 얼마나 준비하면 좋을까요?

B _____.

3 A 요즘 아침에 늦게 일어나요. 아침에 일찍 일어나는 좋은 방법이 없을까요?

B _____.

4 A 좀 도와 드릴까요?

B 네, _____.

정리하면서 써 보세요 ✏️

동사		-게	동사		-게
	자다	자게	ㄹ	살다	
	읽다		ㅂ	돕다	
ㅇ	쓰다		르	부르다	
ㄷ	듣다		ㅅ	낫다	
			할 수 있다		

단어

· 쇼핑

가 알맞은 것을 골라 쓰십시오.

> 인터넷 쇼핑　✓ 벼룩시장　TV홈쇼핑　대형 할인 매장

1 　벼룩시장　　2 ＿＿＿＿＿　　3 ＿＿＿＿＿　　4 ＿＿＿＿＿

나 알맞은 것을 골라 쓰십시오.

> 디지털 카메라　✓노트북　면도기　세탁기

1 　노트북　　2 ＿＿＿＿＿　　3 ＿＿＿＿＿　　4 ＿＿＿＿＿

다   알맞은 것을 골라 쓰십시오.

> ✓발음 기능   취침 예약 기능   반복 기능
>
> 녹음 기능   자동 응답 기능   건조 기능

1   발음 기능   **2**   **3**   **4**   **5**   **6**

· 말하기 📖 p.70

가   알맞은 것을 골라 쓰십시오.

> ✓작동이 안 되다   전원이 안 들어오다   소음이 심해지다   버튼이 안 눌러지다

 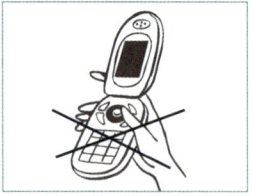  

1   작동이 안 되다   **2**   **3**   **4**

· 듣고 말하기 📖 p.74

가 알맞은 것을 고르십시오.

얼마 전부터 날씨가 추워져서 따뜻한 옷이 필요했어요.

그래서 가죽 재킷을 **1** (✔ 구입 ② 지불)하려고 백화점에 갔어요. 그런데 가죽 재킷 값이 너무 비싸서 고민을 했어요. 하지만 꼭 필요하기 때문에 그냥 3개월 **2** (① 무이자 ② 할부)로 샀어요. 그 옷을 샀더니 점원이 **3** (① 사은품 ② 택배비) (으)로 예쁜 장갑도 주었어요. 그런데 집에 가서 다시 입어 보니까 마음에 안 들어서 다른 옷으로 **4** (① 반품 ② 교환)하려고 해요.

· 읽고 말하기 📖 p.77

가 다음 단어를 사용해서 질문에 대답하십시오.

1 질문: 아름다운 가게는 무슨 일을 하는 가게예요?

대답: <u>사람들이 쓰지 않는 물건을 모아서 싼값에 파는 일을 하는 가게예요</u> .

　　　　　(사람들 / 쓰지 않다 / 물선 / 모으다 / 싼값 / 팔다)

2 질문: 아름다운 가게에서는 어떤 물건들을 팔아요?

대답: _____ .

　　　　　　　(사람들 / 기증받다 / 물건 / 팔다)

3 질문: 아름다운 가게는 물건을 판 돈으로 무엇을 해요?

대답: _____ .

　　　　　(물건 / 팔다 / 생기다 / 돈 / 어렵다 / 이웃 / 돕다)

4 질문: 움직이는 가게는 어떤 가게예요?

대답: _____ .

　　　　　(큰 트럭 / 이용하다 / 만들다 / 원하는 곳 / 어디든지 가다)

·단어 종합 문제

가 알맞은 것을 골라 대화를 완성하십시오.

기능	계산은 어떻게 해 드릴까요
신제품	✓ 특별히 찾는 거 있으세요
믿다	제일 잘 나가요
적당하다	

A 어서 오세요. 손님.

B 네, MP3를 사려고 왔는데요.

A 1 <u>특별히 찾는 거 있으세요</u> ?

B 특별히 찾는 건 없는데 요즘 세일이라고 해서 괜찮은 것이 있으면 사려고요.

A 손님, 이게 2 _____ 인데 한번 보세요.

　이게 기능도 다양해서 요즘 3 _____ .

B 어떤 4 _____ 이/가 있어요?

A 반복 기능하고 녹음 기능이 있어요.

B 그럼, 비싸지 않아요?

A 비싸지 않고 가격도 5 _____ .

　MP3를 만드는 회사도 6 _____ 을 수 있는 곳이니까 이걸로 하세요.

B 그럼, 이걸로 할게요.

A 7 _____ ?

B 3개월 할부로 해 주세요.

발음

가 ‘ㄹ ㄹ’의 발음에 주의하면서 따라 읽으십시오. ◯CD 11

1 별로

2 팔려요

3 일시불로

나 듣고 따라하십시오. ◯CD 12

1 A 어, 이게 왜 이러지? 버튼이 안 눌러지네.

　B 어, 진짜 이상하네요.

2 A 뭐 하나 물어봐도 돼요?

　B 뭔데요?

다 듣고 쓰십시오. ◯CD 13

1 _____ .

2 _____ .

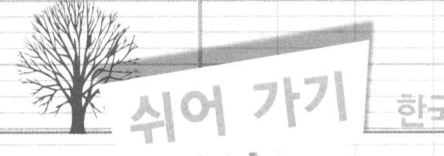

5일장을 아세요?

옛날 한국에서는 3일이나 5일에 한 번 시장이 열렸는데, 3일에 한 번씩 열리는 시장을 3일장, 5일에 한 번씩 열리는 시장을 5일장이라고 했습니다.

지금도 시골에는 5일장이 남아 있습니다. 서울에서 가까운 성남 시에 가면 모란 시장이라는 유명한 시장을 볼 수 있는데 이 시장도 5일장입니다. 또한 아파트 단지에서도 1주일에 한 번씩 열리는 시장을 볼 수 있습니다. 이런 시장을 알뜰 시장이라고 하는데 대개 채소, 과일, 생선 등을 싸게 팔기 때문에 아파트 주민들이 많이 이용합니다.

Do you know what the 5-day market is?

Long ago in Korea, every 3 or 5 days there opened a market. The market that took place every 3 days was called a 3-day market, and the one that took place every 5 days was called a 5-day market. Even now, the 5-day market still exists in the countryside. If you go to the city of *Sungnam*, which is near Seoul, you will be able to see the *Mo-ran* Market, a famous 5-day market.

There are also markets that open once a week outside various apartment complexes. These markets are called *Alttul Shi-jang* or farmer's markets. Because you can buy many fresh vegetables, fruit, fish, etc. cheaply, the apartment residents use these markets quite frequently.

5과

분실

문법   p.66   - 아/어 있다
        p.68   - 은가/나 보다

단어   p.72

발음   p.75

쉬어가기 p.76

문법 -아/어 있다

SB p.84   별책 p.16

의미 확인

가 알맞은 것을 골라 연결하십시오.

1    •   • ㄱ. 가방 안에 책이 들어 있어요.

2   •   • ㄴ. 방에 불이 꺼져 있어요.

3   •   • ㄷ. 핸드폰에 인형이 달려 있어요.

4   •   • ㄹ. 수첩에 이름이 쓰여 있어요.

5   •   • ㅁ. 문이 열려 있어요.

연습

동사	형용사	있다 / 없다	-이다 / 아니다
-아/어 있다			
열려 있다	×	×	×

가 알맞은 것을 골라 바꿔 쓰십시오.

1 어제 사무실에서 밤늦게 나왔더니 정문이   *닫혀 있어*   서
경비 아저씨를 불러야 했어요.

2 소영 씨 가방에 예쁜 곰 인형이   .

3 복도에 지갑이   서 사무실에 갖다 줬어요.

4 건물 벽에 큰 글씨로 "여기에 차를 세우지 마세요." 라고
            .

쓰이다
달리다
떨어지다
✓ 닫히다

활용

가 여러분이 지금 있는 장소를 보고 자유롭게 대화를 완성하십시오.

5과

1 A 문이 어때요?

  B 문이 닫혀 있어요 .

2 A 창문이 어때요?

  B _____ .

3 A 불이 어때요?

  B _____ .

4 A 냉장고 안에 뭐가 들어 있어요?

  B _____ .

5 A 바닥[18]에 뭐가 떨어져 있어요?

  B _____ .

new 18) 바닥 the ground, the floor

정리하면서 써 보세요

	피동사	-아/어 있다
열다	열리다	열려 있다
닫다	닫히다	
달다	달리다	
쓰다	쓰이다	
그리다	그려지다	
켜다	켜지다	
끄다	꺼지다	
떨어뜨리다	떨어지다	
깨다	깨지다	
놓다	놓이다	
넣다	.	

의미 확인

가 알맞은 것을 고르십시오.

> ㄱ. 아픈가 봐요
> ✓ ㄴ. 파티를 하나 봐요
> ㄷ. 좋은 일이 있나 봐요
> ㄹ. 밖에 비가 오나 봐요
> ㅁ. 등산을 아주 좋아하나 봐요

1 옆집에서 시끄러운 음악소리가 나요. _____ㄴ_____.

2 유키 씨 우산이 젖었어요. _____.

3 종원 씨는 일요일마다 산에 가요. _____.

4 소라 씨가 약을 먹어요. _____.

5 오늘 민수 씨가 자꾸 웃어요. _____.

연습

	동사	형용사		있다 / 없다	-이다 / 아니다	
		받침 ○	받침 ×			
현재	-나	-은가	-ㄴ가	맛있나	학생인가	+보다
	가나	작은가	큰가			
과거	-았/었나	-았/었나		맛있었나	학생이었나 의사였나	
	먹었나	예뻤나				

68

가 알맞은 것을 골라 바꿔 쓰십시오. (동사 현재)

1 지훈 씨는 매일 밤늦게 집에 들어가요.

열심히 _공부하나 봐요_ .

2 미나 씨가 책을 읽으면서 울어요.

슬픈 책을 _____ .

3 한스 씨는 집에 재즈 음악 CD가 많아요.

재즈 음악을 자주 _____ .

4 카밀라 씨는 주말마다 혼자서 등산 간대요.

아마 남자친구가 _____ .

5 윤호 씨를 홍대 앞에서 여러 번 봤어요. 윤호 씨가 홍대 근처에서 _____ .

> ✓ 공부하다
> 듣다
> 읽다
> 살다
> 없다

나 알맞은 것을 골라 바꿔 쓰십시오. (형용사 현재)

1 유키 씨는 생일 때 친구들한테서 선물을 많이 받았어요.

인기가 _많은가 봐요_ .

2 창밖을 보니까 코트를 입은 사람들이 많아요.

날씨가 _____ .

3 카밀라 씨는 집에서 회사까지 두 시간이나 걸린대요.

집이 _____ .

4 가을에 단풍이 들면 사람들이 설악산에 많이 간대요.

설악산 단풍이 _____ .

> 아름답다
> ✓ 많다
> 멀다
> 쌀쌀하다

다 알맞은 것을 골라 바꿔 쓰십시오. `부정`

1 A 안나 씨는 식사할 때 국을 안 먹어요.

  B 국을   안 좋아하나 봐요 / 좋아하지 않나 봐요   .

2 A 부장님은 가족들을 보러 주말마다 부산에 가신대요.

  B 그래요? 가족들과 함께 _____ .

3 A 정호 씨하고 리엔 씨는 같은 하숙집에서 사는데 서로 잘 몰라요.

  B 두 사람은 별로 _____ .

4 A 카밀라 씨가 해물탕을 먹으면서 계속 물을 마셔요.

  B 매운 음식을 _____ .

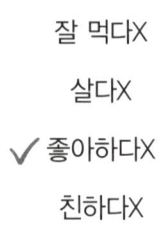

잘 먹다X
살다X
✓ 좋아하다X
친하다X

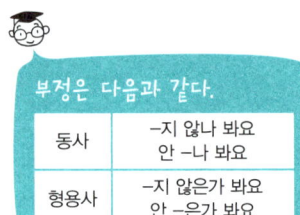

부정은 다음과 같다.

| 동사 | -지 않나 봐요
안 -나 봐요 |
| 형용사 | -지 않은가 봐요
안 -은가 봐요 |

라 알맞은 것을 골라 바꿔 쓰십시오. `과거`

1 아까 보니까 지훈 씨가 팔에 깁스를 했어요.

  아마 운동을 하다가 팔을   다쳤나 봐요   .

2 상우 씨가 집에 오자마자 방에 들어가서 자요.

  오늘 회사에서 아주 _____ .

3 소영 씨가 지난주에 아파서 학교에 못 왔는데 오늘 학교에 왔어요.

  이제 아픈 것이 다 _____ .

낫다
✓ 다치다
피곤하다

활용

가 자유롭게 대화를 완성하십시오.

1 A 보민 씨는 항상 모자를 써요.

  B 모자를 좋아하나 봐요 .

2 A 오늘 투안 씨가 한턱낸대요.

  B _____ .

3 A 소영 씨는 보통 숙제를 열심히 해요. 그런데 요즘은 숙제를 잘 안 해요.

  B _____ .

4 A 얼마 전에 보니까 미나 씨가 머리 모양을 바꿨더라고요.

　B _____.

5 A 현우 씨는 중국에서 5년이나 살았다고 하는데 중국어를 잘 못해요.

　B _____.

정리하면서 써 보세요

동사		과거	현재	
	가다	갔나	가나	
	읽다			
으	쓰다			
ㄷ	듣다			
ㄹ	살다			
ㅂ	돕다			
르	부르다			
ㅅ	짓다			
있다				+ 보다
형용사		과거	현재	
	싸다			
	좋다			
으	기쁘다			
ㄹ	길다			
ㅂ	쉽다			
르	다르다			
학생이다				

· 분실

가 알맞은 것을 골라 쓰십시오.

> 줍다　　발견하다　　분실물 센터　　✔돌려주다
>
> 사례금　　거절하다

1 　돌려주다　 : 어떤 사람에게 받았거나 빌린 것을 다시 주다.

2 ＿＿＿＿＿ : 어떤 일을 도와준 사람에게 감사한 마음을 전하기 위해서 주는 돈.

3 ＿＿＿＿＿ : 부탁, 선물, 제안 등을 받지 않다.

4 ＿＿＿＿＿ : 떨어져 있는 것을 집다.

5 ＿＿＿＿＿ : 다른 사람들이 찾기 전에 먼저 어떤 것을 찾다.

6 ＿＿＿＿＿ : 물건을 잃어버리거나 물건을 주우면 가는 곳.

· 말하기 📘 p.87

가 다음 그림을 보고 방 안을 설명해 보십시오.

1 바닥에 수첩이 　떨어져 있어요　.

2 유리창이 ＿＿＿＿＿＿.

3 식탁 위에 공책과 핸드폰이 ＿＿＿＿＿＿.

4 공책에 이름이 ＿＿＿＿＿＿.

5 핸드폰에 곰 인형이 ＿＿＿＿＿＿.

6 불이 ＿＿＿＿＿＿.

7 가방 안에 지갑이 ＿＿＿＿＿＿.

·듣고 말하기 📖 p.92

가 알맞은 것을 골라 바꿔 쓰십시오.

> 금도끼　　쇠도끼　　산속　　욕심이 많다　✓옛날 옛날에　　정직하다　　일부러

금도끼 은도끼

때 : 1 ___옛날 옛날에___
장소 : 2 _____

	첫 번째 나무꾼	두 번째 나무꾼
성격이 어때요?	착하다. 3 _____.	4 _____. 거짓말을 잘 한다.
어떤 일이 생겼어요?	일을 하다가 도끼를 연못에 실수로 빠뜨렸다.	일을 하다가 도끼를 연못에 5 _____ 빠뜨렸다.
신령님께 뭐라고 했어요?	6 _____ 와/과 은도끼를 들고 나타난 신령님께 자기 도끼가 아니라고 말했다.	6 _____ 와/과 은도끼를 들고 나타난 신령님께 그 도끼가 바로 자기 도끼라고 거짓말을 했다.
마지막에 어떻게 됐어요?	신령님께서 7 _____ 을/를 찾아 주고 금도끼와 은도끼를 선물로 주셨다.	도끼를 찾지 못하고 병에 걸렸다.

·읽고 말하기 📖 p.95

가 알맞은 것을 골라 연결한 후 조사를 쓰십시오.

1 고민 [에] •   • ㄱ. 갚다
2 사업 [ ]   •   • ㄴ. 빠지다
3 마음 [ ]   •   • ㄷ. 변하다
4 빌린 돈 [ ] •   • ㄹ. 실패하다

나 알맞은 것을 골라 쓰십시오.

1 여러분은 _____만약_____ 큰돈을 주우면 어떻게 하시겠습니까?

2 김 씨는 남에게 빌린 돈을 갚으면서 _____ 힘든 생활을 하고 있었다.

3 사람들은 김 씨가 사례금을 _____ 받을 거라고 생각했다.

4 김 씨는 _____ 주운 돈을 돌려주기로 결심하고 경찰서에 전화를 걸었다.

> 당연히
> ✓ 만약
> 결국
> 하루하루

·단어 종합 문제

가 알맞은 것을 골라 글을 완성하십시오.

나는 어제 지하철 **1** _____매표소_____ 에서 지갑을 잃어 버렸다. 지갑을 잃어버렸다는 사실을 알고 속상해서 1시간 동안 **2** _____ 울었다. 그 지갑에는 다음 학기 등록금이 **3** _____ 기 때문이다. 내 이야기를 듣고 친구들이 지하철 **4** _____ 에 전화를 해 보라고 했다. 전화를 해서 내 지갑 모양을 **5** _____ 설명했지만 그런 지갑은 없다고 했다. 그래서 나는 경찰서에도 **6** _____. 하지만 경찰서에서도 지금은 그런 지갑이 없으니까 들어오면 연락을 주겠다고 했다. 그런데 수업이 끝날 때쯤 경찰서에서 전화가 왔다. 어떤 사람이 지갑을 가지고 왔다고 했다. 나는 그 **7** _____ 을/를 듣고 너무 기뻤다. 내 지갑을 찾아준 사람이 너무 고마웠다.

> 엉엉
> 자세히
> 소식
> ✓ 매표소
> 들어 있다
> 분실물 센터
> 신고하다

가 맞는 발음을 고르십시오. 🔘 CD 14

1 비슷한 거
   ① [비스탄 거]   ② [비스한 거]

2 인터넷해요
   ① [인터네태요]   ② [인터네해요]

3 깨끗해요
   ① [깨끄태요]   ② [깨끄해요]

나 듣고 따라하십시오. 🔘 CD 15

1 A 휴대전화를 잃어 버려서 왔는데요.
   B 혹시 이거 아니에요?

2 A 이 지갑을 어떻게 하죠?
   B 분실물 센터에 갖다 주는 게 좋겠어요.

다 듣고 쓰십시오. 🔘 CD 16

1 _____ .

2 _____ .

꿈에서 물건을 잃어버린 적이 있습니까?

꿈에서 물건을 잃어버렸을 때 잃어버린 물건에 따라서 그 의미가 달라집니다.

중요한 물건을 잃어버리는 꿈은 좋은 일이 생길 꿈이라고 합니다. 그리고 신었던 신발을 잃어버리는 꿈은 직장, 돈, 부모님 등 자기가 의지하는 곳에 문제가 생길 꿈입니다. 또 신발 한 짝만 잃어버리는 꿈은 이별을 나타냅니다. 반지를 잃어버리는 꿈은 중요한 사람과 헤어진다는 것을 의미한다고 합니다.

In your dreams, have you ever lost something?

If you have ever lost something in your dream, the meaning of the dream differs depending on what the lost article is. If you lost something very important, it means something good is going to happen. If you lost your shoes after having worn them, it means that something bad is going to happen to your work, money, parents, or anything that is important to you. Also, if you lost just one shoe, it means there will be a parting. If you lost a ring, they say it means you will break up with someone who is very important to you.

6과

실수와 변명

문법	p.78	- 느라고
	p.81	- 은/는 줄 알았다
단어	p.85	
발음	p.89	
쉬어가기	p.90	

문법 −느라고

📘 SB p.102 📕 별책 p.19

의미 확인

가 알맞은 것을 고르십시오.

1 A 어제 _____ 모임에 안 갔어요?
   B 일하느라고 못 갔어요.

   ① 언제   ② 어디에서   ✔ 왜   ④ 무엇을

2 요즘 일하느라고 숙제를 _____.

   ① 해요   ② 못 해요

3 요즘 퇴근 후에 학원에 다니느라고 _____ 친구들을 못 만나요.

   ① 아침에도   ② 저녁에도

4 _____ 요즘 아르바이트하느라고 (저는) 동아리 활동을 못 해요.

   ① 저는   ② 소라 씨는

5 _____느라고 아침을 못 먹었어요.

   ① 늦게까지 자   ② 늦게 일어나

'−느라고' 앞 문장과 뒤 문장
에는 같은 시간대에 일어나는
행동이 온다.

연습

동사	형용사	있다	−이다 / 아니다
−느라고	×	일하고 있느라고	×
만나느라고			

가 알맞은 것을 골라 바꿔 쓰십시오. `규칙`

1 A 요즘 일이 많아요?

　B 네, 그래서 ____일하느라고____ 주말에도 못 쉬어요.

2 A 왜 유키 씨 결혼식에 안 왔어요?

　B 결혼식에 가는 길에 차가 고장 났어요.

　차를 _____ 결혼식에 못 갔어요.

3 A 요즘 왜 바빠요?

　B 아르바이트를 알아보러 _____ 바빠요.

4 A 결혼식에서 식사는 하셨어요?

　B 아니요, 결혼 사진을 _____ 못 먹었어요.

5 A 윤호 씨, 휴게실에 윤호 씨 우산이 있어서 가져 왔어요.

　B 고마워요. 제가 요즘 이 일 저 일을 _____ 바빠서 정신이 없어요.

6 A 조금 피곤해 보여요.

　B 오늘 시험을 봐요. 그래서 어제 _____ 잠을 못 잤어요.

> 다니다
> ✓ 일하다
> 시험 공부하다
> 고치다
> 찍다
> 하다

나 알맞은 것을 골라 바꿔 쓰십시오. `불규칙`

> '-느라고' 뒤에는 부정적인 결과를 나타내는 동사가 온다.
> 예) -지 않다, -지 못하다 등
> 그 외에 부정적인 결과를 나타내는 형용사가 올 수도 있다.
> 예) 바쁘다, 힘들다, 정신이 없다

1 A 왜 이렇게 시험을 못 봤어요?

　B 친구들과 ____노느라고____ 공부를 못 했어요.

2 A 왜 점심 식사를 안 하셨어요?

　B 급하게 서류를 _____ 시간이 없어서 못 먹었어요.

3 A 가족하고 떨어져서[19] 외국에서 _____ 힘들지요?

　B 네, 그래도 좋은 친구들이 많이 도와줘서 괜찮아요.

> 살다
> ✓ 놀다
> 만들다

`new` 19) 떨어지다 to be far apart

다 알맞은 것을 고르십시오.

1 감기에 (① 걸리느라고 ✓ 걸려서) 학교에 못 왔어요.

2 계단에서 (① 넘어지느라고 ② 넘어져서) 다쳤어요.

3 선생님 전화번호를 (① 모르느라고 ② 몰라서) 연락할 수 없었어요.

> '-느라고' 앞에는 말하는 사람의 의지가 들어 있지 않은 행동(감기에 걸리다, 기침이 나다)이나 순간적인 행동(넘어지다, 일어나다, 알다, 모르다) 등은 쓸 수 없다.

활용

가 **자유롭게 대화를 완성하십시오.**

1 A 왜 이 일을 아직 안 했어요?

  B <u>   다른 급한 일을 먼저 하느라고   </u> 이 일을 못 했습니다. 죄송합니다.

2 A 왜 숙제를 안 했어요?

  B <u>   </u> .

3 A 왜 여행을 못 가요?

  B <u>   </u> .

4 A 왜 송년회[20]에 못 오세요?

  B <u>   </u> .

new
20) 송년회 a year-end party

정리하면서 써 보세요

동사		−느라고
	가다	가느라고
	읽다	
으	쓰다	
ㄷ	듣다	
ㄹ	살다	
ㅂ	돕다	
르	부르다	
ㅅ	짓다	
일하고 있다		

문법 −은/는 줄 알았다

📖 p.103   📓 p.21

의미 확인

가 **뜻이 같은 것을 고르십시오.**

1 오늘이 15일이라고 생각했어요. 그런데 14일이에요.

① 오늘이 15일이에요.

✅ 오늘이 15일인 줄 알았어요.

2 카밀라 씨가 얌전하다고 생각했어요. 그런데 제 생각이 틀렸어요.

① 카밀라 씨가 얌전해요.

② 카밀라 씨가 얌전한 줄 알았어요.

3 보민 씨와 현우 씨가 같은 학교에 다닌다고 생각했어요. 그런데 제가 잘못 알고 있었어요.

① 보민 씨와 현우 씨가 같은 학교에 다녀요.

② 보민 씨와 현우 씨가 같은 학교에 다니는 줄 알았어요.

연습

동사	형용사		있다 / 없다	−이다 / 아니다	+ 알았다
	받침 ○	받침 ×			
−는 줄	−은 줄	−ㄴ 줄	있는 줄	동생인 줄	
다니는 줄	작은 줄	큰 줄			

가 **알맞은 것을 골라 바꿔 쓰십시오.** `현재 규칙`

1 저는 상우 씨가 신문을 _읽는 줄 알았어요_ .

그런데 가까이 가서 보니까 상우 씨가 졸고[21] 있어요.

2 저는 집에 휴지가 _____ .

그래서 쇼핑할 때 안 샀는데 집에 와 보니까 하나 밖에 없어요.

3 저는 앤디 씨가 방에서 친구하고 _____ .

그런데 가 보니까 텔레비전을 보고 있어요.

바쁘다

이야기하다

✓ 읽다

좋아하다

많다

🆕 21) 졸다 to doze off

81

4 저는 보민 씨가 영화를 _____ .

그런데 물어보니까 별로 안 좋아한대요.

5 저는 유키 씨가 수업이 끝나면 바로 가서 요즘 _____ .

그런데 요즘 몸이 좀 안 좋아서 집에 빨리 가는 거래요.

나 **알맞은 것을 골라 바꿔 쓰십시오.** `현재 불규칙`

1 소영 씨가 하숙집에서 _사는 줄 알았어요_ .

그런데 물어보니까 기숙사에서 산대요.

알다
춥다
✓ 살다
멀다

2 오늘 날씨가 _____ .

그래서 옷을 두껍게 입고 나왔는데 날씨가 춥지 않아요.

3 앤디 씨가 매일 학교에 지각해서 집이 _____ .

그런데 집에서 학교까지 10분도 안 걸린대요.

4 저는 한스 씨가 유키 씨 전화번호를 _____ .

그런데 한스 씨가 저한테 물어보더라고요.

다 **알맞은 것을 골라 바꿔 쓰십시오.** `과거`

1 보민 씨가 아침을 _먹은 줄 알았어요_ .

그런데 물어 보니까 안 먹었대요.

✓ 먹다
열다
출장 가다
받다
듣다

2 미나 씨가 일본에 _____ .

그런데 휴가라서 회사에 안 나오는 거래요.

3 앤디 씨가 꽃다발을 _____ .

그런데 다른 사람한테 줄 거래요.

4 소영 씨가 가은 씨한테서 엠티에 대한 이야기를 _____ .

그런데 아직 못 들었대요.

5 유키 씨가 더워서 창문을 _____ .

그런데 모니카 씨가 열었대요.

라 알맞은 것을 골라 바꿔 쓰십시오. 미래

박스: 늦다 / 낫다 / ✓돌아가다 / 공부하다 / 살다

1 A 모니카 씨가 이번 학기가 끝나면 캐나다로 가겠지요?

B 아니요, 모니카 씨가 졸업 후에도 한국에서 살 거래요.

A 그래요? 저는 캐나다로 <u>돌아갈 줄 알았어요</u>.

2 A 수업 후에 도서관에 가서 공부할 거지요?

B 글쎄요, 너무 피곤해서 집에 가서 쉬려고 해요.

A 그래요? 내일이 시험이라서 ＿＿＿＿＿＿＿＿＿.

3 A 상우 씨가 네덜란드에서 사는 게 좀 힘들대요.

B 그래요? 전 상우 씨가 성격이 밝고 적극적이라서 어디에서든지 잘 ＿＿＿＿＿＿＿＿＿.

4 A 보민 씨가 약속 장소에 벌써 도착했대요.

B 그래요? 보민 씨가 보통 때 자주 늦어서 오늘도 ＿＿＿＿＿＿＿＿＿. 우리도 빨리 갑시다.

5 A 아직도 감기약 드세요?

B 네, 제가 건강한 편이라서 금방 ＿＿＿＿＿＿＿＿＿. 그런데 생각보다 잘 안 낫네요.

활용

가 자유롭게 대화를 완성하십시오.

1 A 친구 중에서 첫인상과 지금의 모습이 다른 친구가 있어요?

B 처음에는 카밀라 씨가 얌전한 줄 알았어요. 그런데 같이 얘기해 보니까 아주 활발해요.

2 A 지금 살고 있는 집에 대한 생각이 바뀌었어요?

B ＿＿＿＿＿＿＿＿＿

＿＿＿＿＿＿＿＿＿.

3 A 한국어를 공부하면서 한국에 대한 생각이 바뀌었어요?

B ＿＿＿＿＿＿＿＿＿

＿＿＿＿＿＿＿＿＿.

정리하면서 써 보세요

동사		과거	현재	미래	
	가다	간 줄	가는 줄	갈 줄	
	읽다				
⓪ 으	쓰다				
⓪ ㄷ	듣다				+ 알았다
⓪ ㄹ	살다				
⓪ ㅂ	돕다				
⓪ 르	부르다				
⓪ ㅅ	짓다				

형용사		현재	미래	
	싸다			
	좋다			
⓪ 으	예쁘다			
⓪ ㄹ	길다			+ 알았다
⓪ ㅂ	쉽다			
⓪ 르	다르다			
있다				
학생이다				

· 실수와 변명

가 알맞은 것을 골라 바꿔 쓰십시오. 그리고 질문에 대한 답을 쓰십시오.

1 질문 : 여러분은 ____부끄러워____ 서 얼굴이 빨개진[22] 적이 있어요?
 언제 그랬어요?

 대답 : 네, 있어요. 친구들 앞에서 발표할 때 얼굴이 빨개져요.

2 질문 : 여러분은 다른 사람에게 잘못했다고 _____

 적이 있어요? 왜 그랬어요?

 대답 : _____

 _____

3 질문 : 여러분은 맡은 일을 다 하지 못하거나 약속 시간에

 늦으면 어떻게 _____ ?

 대답 : _____

 _____

> 사과하다
> ✓ 부끄럽다
> 변명하다

> new
> 22) 빨개지다 to turn
> red, to blush

나 알맞은 것을 골라 쓰십시오.

1 A 어젯밤에 전화했는데 전화를 안 받더라고.
 연락이 안 돼서 걱정 했어 .
 B 그래? 피곤해서 일찍 잤어.

2 A 우리 6시에 만나기로 했잖아. 왜 안 와?
 B 약속 시간이 8시인 줄 알았어.
 요즘 시험 공부하느라고 _____ .
 미안해.

3 A 미나 씨한테 내일 회의가 있다고 전해 줬어?
 B 아, 참! 미안해. _____ .

4 A 지난주에 왜 학교에 안 왔어? 전화도 안 받고……
 B 응, 고향에 갔다 왔어.
 A 그렇구나. 나는 연락이 안 돼서 _____ .

> 정신이 없어
> ✓ 연락이 안 돼서 걱정 했어
> 무슨 일이 생긴 줄 알았어
> 깜빡 잊어버리고 말을 못했어

· 말하기 📖 p.104

가 **알맞은 것을 골라 쓰십시오.**

A 민수 씨, 요즘 무슨 일 있어요?

B 그냥 좀 바쁘고 정신이 없어요.

A 왜 그렇게 바쁘세요?

B 지난번에 출장 갔다 온 1 ___보 고 서___ 을/를 써야 돼요.
그리고 다음 회의에서 2 _____ 도 해야 해요.

A 그 회의 3 _____ 은/는 언제예요?

B 이번 달 15일이에요.

A 그럼, 얼마 안 남았네요.

B 네, 그래서 출장 가서 모은 4 _____ 을/를 보면서 보고서를 쓰고 있는 중이에요.

A 그렇군요. 힘드시겠어요.

> 발표
> 자료
> ✓ 보고서
> 날짜

· 듣고 말하기 📖 p.108

가 **공통으로 들어가는 것을 고르십시오. 그리고 바꿔 쓰십시오.**

1 1) 갑자기 급한 환자가 있어서 ___치료하___ 느라고
늦게 출발했어.

2) 팔이 부러진 것 같아요. 빨리 병원에 가서 ___치료해___ 야 돼요.

> 맡다
> 돌보다
> 키우다
> ✓ 치료하다

2 1) 아이가 아파서 _____ 느라고 지금 정신없대.

2) 저는 요즘 몸이 불편한 노인[23]을 _____ 는 자원
봉사를 하고 있어요.

> **new** 23) 노인 an old person

3 1) 요즘 새로운 프로젝트를 _____ 서 조금 바빠.

2) 다음 달부터 신입사원을 교육하는 일을 _____ 게
됐어요.

4 1) 지연이는 일하면서 아이도 _____ 느라고 많이 바쁜가 봐.

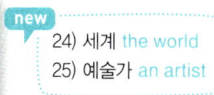
24) 세계 the world
25) 예술가 an artist

2) 어머니는 세 딸을 세계[24] 최고의 예술가[25]로 _____ .

·읽고 말하기 📖 p.111

가 **알맞은 것을 고르십시오.**

1 매운 음식을 먹기 싫었지만 친구가 만든 음식이라서 (① 실수로 ✔ 억지로) 먹었습니다.

2 친구를 5시에 만나기로 했는데 친구가 7시에 와서 (① 한참 ② 잠깐) 기다렸습니다.

3 저는 한국말을 잘 못해서 한국 사람이 하는 말을 (① 덜 ② 종종) 알아듣지 못합니다.

4 네가 잘못을 한[26] (① 환경 ② 상황)에서 어떻게 그런 말을 할 수 있니?

new
26) 잘못을 하다 to do something wrong

나 **알맞은 것을 골라 바꿔 쓰십시오.**

1 텔레비전 프로그램이 너무 재미있어서 크게 ___웃었습니다___ .

2 제가 실수한 것을 _____ 고 너무 창피했습니다.

3 시장에서 신기하고 이상한 물건을 _____ 면서 구경했습니다.

> ✓ 웃다
> 두리번거리다
> 깨닫다

·단어 종합 문제

가 알맞은 것을 골라 대화를 완성하십시오.

> ✓동창회　　싸다　　문자 메시지　　돌리다　　가고 있는 중이다　　한참

A 지나야? 나 민수야.

B 아, 민수구나. 잘 지냈어?

A 너, 지금 어디야?

B 집이지. 그런데 왜?

A 오늘 1 ＿＿＿＿＿동창회＿＿＿＿＿ 이/가 있잖아. 고등학교 때 친구들 다 모여 있는데, 왜 아직 집에 있어?

B 그 약속은 다음 주 토요일 아니야?

A 어제 휴대폰 2 ＿＿＿＿＿＿＿＿＿＿＿＿ 못 받았어? 오늘 6시에 학교 앞 식당에서 모인다고 보냈잖아.

B 아, 어떡하지? 나 내일부터 출장이어서 지금 짐을 3 ＿＿＿＿＿＿＿＿＿＿ 고 있는데…….

A 그럼, 못 와?

B 아니, 갈 수 있는데 시간이 좀 걸릴 거야.

A 그럼, 한 시간 후에 올 수 있는 거야?

B 그리고 지금 세탁기27)를 4 ＿＿＿＿＿＿＿＿＿＿ 고 있어. 빨래가 다 되어야 나갈 수 있으니까 너희들이 5 ＿＿＿＿＿＿＿＿ 기다려야 할 거야.

A 야! 너 언제 올 거야?

B 하하. 사실은 지금 6 ＿＿＿＿＿＿＿＿＿＿＿＿＿＿. 거의 다 왔어.

A 너!

B 지금 식당 문 앞이야. 들어간다!

new
27) 세탁기 a laundry machine

발음

가 **맞는 발음을 고르십시오.** CD 17

1 듣느라고
① [든느라고]　　　　　② [들느라고]

2 달려 있는
① [달려 인는]　　　　　② [달려 일는]

3 늦는다고
① [는는다고]　　　　　② [늘는다고]

나 **듣고 따라하십시오.** CD 18

1 A 왜 미리 말을 안 했어?

　B 깜빡 잊어버리고 말을 못 했어.

2 A 미안해요. 어제 회의가 너무 늦게 끝나서 전화를 못 했어요.

　B 한스 씨가 전화를 안 해서 우리는 한스 씨한테 무슨 일이 생긴 줄 알았어요.

다 **듣고 쓰십시오.** CD 19

1 _____ .

2 _____ .

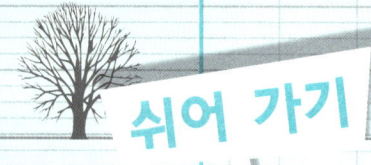

여러분은 사람을 부를 때 어떤 동작을 합니까?

문화마다 제스처의 의미가 다릅니다. 한국에서는 사람을 부를 때 손바닥을 아래로 향하게 하고 위아래로 흔드는 동작을 합니다. 그러나 이 동작을 윗사람에게는 하면 안 됩니다.
그리고 손바닥을 위로 향하게 하고 사람을 부르는 동작은 한국에서 오해를 일으키기 쉽기 때문에 절대로 하면 안 됩니다.

What gesture do you use in order to get someone to come over to where you are?

Gestures have different meanings in different cultures. In Korea, to get someone to come over to where you are, you should move your hand up and down with the palm facing down. However, you should not make this gesture to a person who is higher or older than you. You may also inadvertently offend people if your palm is facing upwards when you're making that gesture.

7과

추억

문법	p.92	–았/었던
	p.95	–던
	p.98	–고 나서
단어	p.100	
발음	p.105	
쉬어가기	p.106	

의미 확인

가 알맞은 것을 골라 쓰십시오.

껐던	갔던	✓입었던	신었던	불러 줬던

저는 5년 전에 결혼했어요. 결혼식에서 이 물건들을 사용했어요.

1 이 옷은 제가 결혼식 때 ___입었던___ 옷이에요.

2 이 구두는 결혼식 때 _____ 구두예요.

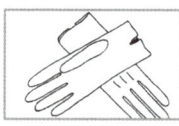

3 이 장갑은 남편이 결혼식 때 _____ 장갑이에요.

4 이 사진은 신혼여행을 _____ 제주도에서 찍은 사진이에요.

5 친구들이 결혼식장에서 _____ 노래가 아주 아름다워서 아직도 기억에 남아요.

연습

동사	형용사	있다 / 없다	-이다 / 아니다	
			받침 ○	받침 ×
-았/었던	-았/었던	있었던	학생이었던	의사였던
다녔던	작았던			

가 알맞은 것을 골라 바꿔 쓰십시오. 동사

1 한 번 _____입었던_____ 옷인데 교환할 수 있을까요?

2 이 영화는 전에 _____ 영화인데 다시 한번
   보고 싶어요.

3 이 책은 오래 전에 친구한테서 _____ 것인데
   아직 못 돌려줬어요.

4 그 곳은 전에 _____ 곳인데 다시 한 번 가 보고 싶어요.

> 가 보다
> ✓ 입다
> 빌리다
> 보다

나 알맞은 것을 골라 글을 완성하십시오. 형용사

> ✓ 작다   밝다   똑똑하다   얌전하다   뚱뚱하다

초등학교 동창회를 했다. 20년 만에 만나니까 어떤 친구들은 초등학교 때 모습과 너무 달라서 알아볼 수 없었다.

키가 아주 1 _____작았던_____ 찬호는 지금은 남자 친구들 중에서 가장 키가 컸다. 또 2 _____ 선희는 초등학교 때와는 다르게 아주 날씬했다. 어렸을 때도 공부하는 것을 좋아하고 머리가 3 _____ 현정이는 계속 공부를 해서 교수가 되었다. 조용하고 4 _____ 성희는 의사가, 언제나 적극적이고 활발했던 석란이 는 뮤지컬 배우[28]가 되었다. 착하고 성격이 5 _____ 선미도 보고 싶었는데 동창회에 나오지 않았다. 선미는 캐나다에서 뉴스 아나운서[29]로 일한다고 들었다. 한번 만나 보고 싶다.

> new
> 28) 뮤지컬 배우 a musical actor
> 29) 아나운서 an announcer

93

가 **자유롭게 대화를 완성하십시오.**

1 A 지금까지 가 봤던 장소 중에서 제일 좋았던 곳이 어디예요?

   B 대학교에 입학하고 나서 친구하고 같이 여행 갔던 제주도예요 .

2 A 지금까지 먹어 봤던 음식 중에서 제일 맛있었던 것은 뭐예요?

   B   .

3 A 지금까지 사는 동안 제일 행복했던 때는 언제예요?

   B   .

4 A 지금까지 사는 동안 제일 힘들었던 때는 언제예요?

   B   .

정리하면서 써 보세요

	동사	-았/었던
	가다	갔던
	읽다	
ㅡ	쓰다	
ㄷ	듣다	
ㄹ	살다	
ㅂ	돕다	
르	부르다	
ㅅ	짓다	

	형용사	-았/었던
	싸다	
	좋다	
ㅡ	기쁘다	
ㄹ	길다	
ㅂ	쉽다	
르	다르다	
	있다	
	학생이다	

의미 확인

가   **알맞은 것을 골라 쓰십시오.**

신던	쓰던	✓입던	타던	가지고 놀던

7과

> 우리 어머니는 제가 어렸을 때 사용하던 물건을 아직도 갖고[30] 계세요.

 **1** 이것은 제가 어렸을 때 _____입던_____ 옷이에요.

 **2** 이것은 제가 어렸을 때 _____ 모자예요.

 **3** 이것은 우리 언니가 어렸을 때 _____ 신발이에요.

 **4** 이 인형은 언니하고 제가 함께 _____ 인형이에요.

 **5** 이 자전거는 우리 오빠가 _____ 거예요.

> new
> 30) 갖다 to have, to keep

연습

동사	형용사	있다 / 없다	-이다 / 아니다	
			받침 ○	받침 ×
-던	-던	있던	학생이던	가수던
다니던	작던			

가   **알맞은 것을 골라 바꿔 쓰십시오.**

1 저는 언니가 있어서 어렸을 때 새 옷을 못 입고 언니가

         입던   옷을 입었어요.

2 어렸을 때 놀이를 하면서 놀았는데, 자주

   놀이는 숨바꼭질³¹⁾이에요.

3 가끔 헤어진 옛날 여자 친구가 생각나요. 특히 여자 친구하고 자주

   같이 _____ 공원에 가면 더 생각이 나요.

4 어렸을 때 가족들이 모여서 함께 노래를 하곤 했어요.

   그때 우리 가족이 자주 _____ 노래는 '고향의 봄' 이었어요.

5 오랜만에 책상 정리를 했는데 서랍 속에서 옛날 물건들이 들어 있는 상자를 찾았어요.

   그 안에는 고등학생 때 _____ 두꺼운 안경도 있었어요.

> 쓰다
> 걷다
> 부르다
> ✓ 입다
> 하다

new 31) 숨바꼭질 hide-and-seek

나   **알맞은 것을 골라 바꿔 쓰십시오.** `부정`

1 책을   안 좋아하던 / 좋아하지 않던   지훈 씨가 요즘은 책만 읽어요.

2 _____ 아이가 수영을 배우기 시작한 다음부터

   뭐든지 잘 먹어요.

3 학교를 졸업하고 나서 _____ 친구가 어제

   갑자기 전화를 했어요. 그래서 오늘 그 친구를 만나기로 했어요.

4 오랜만에 중학교 동창을 만났어요. 학생 때는

   _____ 친구였는데 오늘은 말을 재미있게 많이 했어요.

   친구가 많이 달라져서 놀랐어요.

> ✓ 좋아하다 X
> 말을 많이 하다 X
> 연락하다 X
> 잘 먹다 X

가 자유롭게 문장을 완성하십시오.

이곳은 제가 다니던 학교예요.

1 이곳은 식당인데 제가 자주 <u>점심 식사하던</u> 곳이에요.

2 이곳은 도서관인데 _____ .

3 이곳은 체육관인데 _____ .

4 이곳은 기숙사인데 _____ .

정리하면서 써 보세요

동사		-던
	가다	가던
	읽다	
⑨	쓰다	
ⓒ	듣다	
ⓔ	살다	
ⓑ	돕다	
ⓡ	부르다	
ⓢ	짓다	
있다		
학생이다		

문법 −고 나서

 p.120 p.24

의미 확인

가   **해당되는 것에 ✓ 표시하십시오.**

여러분은

1   점심 식사한 다음에 보통 뭐 하세요?

☑ 점심 식사하고 나서 커피를 마셔요.　　　☐ 점심 식사하고 나서 친구하고 이야기해요.

☐ 점심 식사하고 나서 신문을 봐요.　　　☐ 점심 식사하고 나서 낮잠을 자요.

2   숙제를 끝낸 다음에 보통 뭐 하세요?

☐ 숙제를 끝내고 나서 자요.　　　☐ 숙제를 끝내고 나서 친구를 만나요.

☐ 숙제를 끝내고 나서 쉬어요.　　　☐ 숙제를 끝내고 나서 인터넷을 해요.

3   우리 영화 본 다음에 뭐 할까요?

☐ 영화를 보고 나서 식사합시다.　　　☐ 영화를 보고 나서 노래방에 갑시다.

☐ 영화를 보고 나서 한잔합시다.　　　☐ 영화를 보고 나서 집에 갑시다.

4   학교를 졸업한 다음에 뭐 할 거예요?

☐ 졸업하고 나서 취직할 거예요.　　　☐ 졸업하고 나서 계속 공부할 거예요.

☐ 졸업하고 나서 여행할 거예요.　　　☐ 졸업하고 나서 사업할 거예요.

연습

동사	형용사	있다 / 없다	-이다 / 아니다
-고 나서	✕	✕	✕
먹고 나서			

가   **알맞은 것을 골라 바꿔 쓰십시오.**

✓ 식사하다
닦다
듣다
읽다
확인하다

1   _식사하고 나서_   차를 마셔요.

2   신문을 _____ 텔레비전을 봐요.

3   일요일에 자동차를 _____ 집안 청소를 해요.

4 아침에 출근하면 이메일을 _____ 일을 시작해요.

5 상우 씨는 라디오 뉴스를 _____ 일을 시작해요.

자유롭게 대화를 완성하십시오.

1 A 보통 수업이 끝나고 나서 뭐 하세요?

　　B 보통 수업이 끝나고 나서 이메일을 확인해요 .

2 A 숙제를 다 하고 나서 뭐 하려고 해요?

　　B _____ .

3 A 시험 보고 나서 파티를 할까요?

　　B _____ .

4 A 학교를 졸업하고 나서 지금까지 무슨 일을 했어요?

　　B _____ .

5 A 한국어 공부를 다 하고 나서 뭐 하실 거예요?

　　B _____ .

정리하면서 써 보세요

	동사	-고 나서
	자다	자고 나서
	먹다	
으	쓰다	
ㄷ	듣다	
ㄹ	만들다	
ㅂ	줍다	
르	부르다	
ㅅ	짓다	

· 학생 시절

가 **알맞은 것을 골라 바꿔 쓰십시오.**

> 철학   ✓ 입학하다   막걸리   강의   토론하다
> 캠퍼스   졸업장   수료

나의 대학 시절에는……

나는 19살이 되는 1988년, 대학에 **1**   입학했다   .

내 전공은 **2** _____ 이었다/였다. 그러나 나는 사회 문제에 관심이 많았기 때문에

3 _____ 을/를 듣는 것보다는 데모를 하는 경우가 많았다.

나는 또 술도 자주 마셨다. 가난했던[32] 대학교 시절, 내가 주로 마셨던 술은 쌀로 만든

4 _____ 였다. 나는 술을 마시고 친구들과 늦게까지 사회 문제에 대하여

5 _____ 곤 했다. 그리고 집에 가지도 않고, **6** _____ 안을 돌아다니

다가 아무 곳에서나 자곤 했다. 그래서 7년을 공부했지만 결국 대학교 **7** _____ 만 하고,

8 _____ 은/는 받지 못했다.

> **new** 32) 가난하다 to be poor

· 말하기 📘 p.121

가 **관계 있는 것을 골라 연결하십시오.**

1 국제 대학원 •   • ㄱ. 미용사

2 미용실 •   • ㄴ. 방청객

3 방송국 •   • ㄷ. 지사장

4 회사 •   • ㄹ. 교수

나 알맞은 것을 골라 쓰십시오.

A 혹시 중국에서 오신 동첸 씨 아니세요?

B 1 _____맞긴 한데……_____ , 실례지만 누구세요?

A 저, 제주도를 여행할 때 만났던 재희예요.

B 아, 재희 씨! 2 _____ ?

A 3년 만이네요. 야, 정말 반가워요. 이곳에는 웬일이세요?

B 근처에 3 _____ 왔어요.
  재희 씨, 그동안 어떻게 지내셨어요?

A 방송 아카데미를 졸업하고 1년 전부터 방송국에서 일하고 있어요.

B 그래요? 재희 씨 꿈이 방송국에서 일하는 거였잖아요.
  4 _____ . 정말 축하해요.

> 꿈을 이루셨네요
> 이게 얼마만이에요
> 볼일이 있어서
> ✓ 맞긴 한데……

·듣고 말하기 📖 p.124

가 밑줄 친 부분과 바꿔 쓸 수 있는 말을 고르십시오.

> 아빠   ✓엄마   기르다   돌아다니다

1 저는 <u>어머니</u>를 많이 닮았어요. 얼굴도 아주 비슷하고 성격도 아주 비슷해요.

→ _____엄마_____

2 어렸을 때는 주말마다 <u>아버지</u>와 함께 야구를 하고 목욕탕에 함께 가곤 했어요. 그때가 그리워요.[33]

→ _____

3 지금은 머리가 짧은데 긴 머리를 해 보고 싶어요. 그래서 <u>머리를 자르지 않고 길게 그냥 두고 있어요.</u>

→ _____

4 서울에서 2년 동안 살았지만 시내를 구경한 적이 없었어요. 그래서 오늘은 시내 <u>여기저기 왔다 갔다 하면서</u> 구경하려고 해요.

→ _____

33) 그립다 to miss

나 알맞은 것을 골라 바꿔 쓰십시오.

A 어제 뭐했어?

B 엄마, 아빠와 함께 두 분이 같이 다니시던 대학교에 구경하러 갔어.

A 1 _____너희_____ 부모님께서 대학교 동창이셔?

B 응, 대학교에서 만나셨대. 그래서 어제 두 분이 데이트하던 대학교
2 _____ 여기저기를 구경했어.

A 재미있었겠다.

B 응, 그런데 부모님이 요즘 대학생들을 보고 깜짝 놀라셨어.

A 왜?

B 학생들 사이에서 3 _____ 머리 모양, 옷 스타일이 옛날과 아주 달라져서 다른 나
라에 온 것 같다고 하셨어.

A 아, 그렇구나.

> ✓ 너희
> 유행하다
> 캠퍼스

·읽고 말하기 📖 p.127

가 알맞은 것을 골라 바꿔 쓰십시오.

> 비다   결론   소홀히 하다   ✓ 원하다   관계없다   쓰러지다

1 _____원하다_____ : 동 바라다, 소원³⁴⁾으로 하다.

   예 사람들은 모두 행복해지기를 _____원한다_____ .

> new 34) 소원 one's wish
> 35) 판단 judgment

2 _____ : 형 안에 아무 것도 없다.

   예 아무도 없는 _____ 강의실에서 친구와 이야기를 하곤 했다.

3 _____ : 명 어떤 문제에 대한 생각을 정리한 것, 판단³⁵⁾을 내린 것.

   예 어느 날 아버지와 다투고 집을 나와서 음악이 정말 내가 하고 싶은 일인지, 그리고 왜 음악을
   해야 하는지 생각했다. _____ 은 음악을 꼭 해야겠다는 것이었다.

4 _____ : 어떤 일에 대해서 관심을 갖지 않고 열심히 하지 않다.

   예 나는 대학교 2학년 때 음악 활동을 시작했기 때문에 학교 공부를 _____ .

5 _____ : 혱 두 가지가 서로 상관[36]이 없다. 다르다.

  예 저는 이번 일과 전혀 _____ 는 사람이니까 저한테 자꾸 물어보지 마세요.

6 _____ : 통 사람이 힘이 빠져서 서 있다가 바닥에 눕게[37] 되다, 또는 그 정도
로 놀라고 힘이 없어지다.

  예 술이 취한[38] 남자가 걸어가다가 갑자기 _____ .

new
36) 상관 relation,
   connection
37) 눕다 to lie down
38) 취하다 to get
   drunk

나 **알맞은 것을 골라 바꿔 쓰십시오.**

| ✔다투다 | 화해하다 | 반대하다 | 응원하다 | 후회하다 |

A 기분이 안 좋아 보이는데 무슨 일 있었어요?

B 네, 친구하고 싸웠거든요.

A 왜 **1** ___다퉜___ 는데요?

B 어제 친구하고 같이 LG와 롯데의 야구 경기를 보러 갔어요. 저는 LG를 좋아하고, 친구는 롯데
  를 좋아해요.

A 그런데요?

B 친구는 우리 둘 다 고향이 부산이니까 부산의 홈 팀[39]인 롯데를 **2** _____ 야 한다고
  했어요.

A 그래서 민수 씨는 뭐라고 했어요?

B 저는 싫다고 했어요. 왜 부산사람은 꼭 롯데를 **2** _____ 야 해요? 저는 그 생각에
  3 _____ 고 했더니 친구가 갑자기 화를 냈어요.

A 그래서 싸웠어요?

B 네, 싸웠더니 오늘까지 기분이 안 좋아요. 그 친구는 저하고 가장 친한 친구거든요.

A 그럼, 먼저 사과하고 **4** _____ 세요.

B 그래야겠어요. 저도 싸운 것을 **5** _____ 고 있어요.

new
39) 홈 팀 home team

·단어 종합 문제

가 알맞은 것을 골라 대화를 완성하십시오.

| 이루다 | 시절 | 유행이다 | 졸업장 |
| 사회 문제 | ✓꿈 | 토론하다 | |

A 토니 씨, 토니 씨는 초등학교 때 1 _____꿈_____ 이/가 뭐였어요?

B 저는 어렸을 때부터 회사의 사장이 되고 싶었어요.

A 그래요? 지금은 한국 지사장이 되셨으니 꿈을 2 _____ 셨네요.

B 하하, 그런가요?

A 토니 씨는 인생에서 가장 기억에 남는 일이 뭐예요?

B 대학에서 경영학을 공부하던 때가 생각이 나네요. 그 3 _____ 에 저는 정말
가난했어요. 학교를 쉬고 돈을 벌고, 다시 학교를 다니고……. 8년 만에 4 _____ 을/를
받고 정말 눈물이 났어요.[40]

A 정말 힘들게 공부를 하셨네요.

B 네, 그렇지만 즐거웠던 기억도 많아요.

제가 대학 다닐 때는 수염[41]을 기르는 것이 5 _____ 서 저도 수염을 길게
길렀어요. 사람들이 사자 같다고 했어요. 또 그때 미국 대통령 선거가 있었기 때문에 교수님들과
여러 가지 6 _____ 에 대해서 많이 이야기했어요. 친구들과 수업을 준비하면서
7 _____ 던 일도 기억에 남아요.

new
40) 눈물이 나다 to
tear up, to cry
41) 수염 a beard

발음

가 **맞는 발음을 고르십시오.** CD 20

1 볼일
　① [보릴]　　　　　② [볼릴]

2 서울역
　① [서우력]　　　　② [서울력]

3 스물 여덟
　① [스무 려덜]　　② [스물 려덜]

나 **듣고 따라하십시오.** CD 21

1 A 혹시 앤디 씨 아니에요?
　B 맞긴 한데……, 실례지만 누구세요?

2 A 앤디 씨, 이게 얼마만이에요?
　B 정말 오랜만이네요. 반가워요.

다 **듣고 쓰십시오.** CD 22

1 _____ .

2 _____ .

옛날에 한국에서 하던 놀이들을 아세요?

연날리기는 설날부터 정월 대보름 사이에 많이 하던 놀이입니다.

팽이치기는 언제나 할 수 있는 놀이지만, 단단한 땅에서 하는 것이 좋기 때문에 주로 겨울에 얼음 위에서 많이 합니다. 서로 팽이를 부딪치게 해서 먼저 쓰러지는 쪽이 지는 놀이와 팽이를 돌려놓고 오래 돌아가는 쪽이 이기는 놀이가 있습니다.

널뛰기는 여자들이 설날, 추석 등 명절에 하던 놀이입니다. 긴 나무판의 양편에 각각 올라서서 번갈아 가며 뛰어오르는 놀이입니다. 높이 올라 갈 때는 2m까지도 올라간다고 합니다.

Do you know what games we used to play long ago in Korea?

Kite-flying : People flew kites usually between the Lunar New Year, *Sul-nal*, and the first full moon of the new year.

Top-spinning : Even though you can spin tops anytime, top-spinning was mainly done in the winter on top of ice because it is best to spin a top on firm ground. You can play two different games with tops: get the tops to bump into each other and see which one can stand the longest, or spin the tops once and see which one can spin the longest.

Seesaw-Jumping : Seesaw-jumping was a game that women and girls played on *Sul-Nal*, *Chu-Suk* and other big holidays. Two people stood on the opposite ends of a long wooden board, and they jumped in succession. It is said that one could jump as high as 2 meters in the air during this game.

8과

후회와 계획

문법	p.108	– 았/었으면 –았/었을 텐데
	p.112	– 을까 하다
단어	p.115	
발음	p.120	
쉬어가기	p.121	

문법 -았/었으면 -았/었을 텐데

SB p.134   별책 p.25

의미 확인

가   **알맞은 것을 고르십시오.**

1 A 주말에 뭐 했어요?

B 영화 보러 갔는데 표가 없어서 영화를 못 봤어요.

A 그 영화가 인기가 많은가 봐요.

B 예매를 했으면 _____ 아쉬워요.

☑ 영화를 봤을 텐데   ② 영화를 못 봤을 텐데

2 A 어제 부모님 만나셨어요?

B 아니요, 늦게 퇴근해서 못 뵀어요.

A 그랬어요?

B 네, 일찍 퇴근했으면 _____ 속상해요.

① 만날 수 있었을 텐데   ② 만날 수 없었을 텐데

3 A 어제 숙제를 다 하셨어요?

B 아니요, 어제 친구 생일 파티에서 놀다가 늦게 집에 돌아가서 못 했어요.

A 그래요? 숙제는 꼭 해야 해요.

B _____ 숙제를 했을 텐데 숙제를 못 해서 기분이 안 좋았어요.

① 늦게 돌아갔으면   ② 일찍 돌아갔으면

4 A 지난주에 면접을 봤다면서요?

B 네, 그런데 면접을 보면서 긴장해서 실수를 많이 했어요.

A 그래요? 그럼, 면접에서 떨어진 거예요?

B 네, _____ 취직할 수 있었을 텐데 너무 속상해요.

① 실수를 했으면   ② 실수를 안 했으면

연습

동사	형용사	있다 / 없다	-이다 / 아니다	
			받침 ○	받침 ×
-았/었으면	-았/었으면	맛있었으면	학생이었으면	가수였으면
갔으면	많았으면			
-았/었을 텐데	-았/었을 텐데	재미있었을 텐데	선생님이었을 텐데	의사였을 텐데
만났을 텐데	좋았을 텐데			

8과

가 **두 문장을 한 문장으로 만드십시오.**

1 지훈 씨를 <u>만나지 못 했어요</u>. 그래서 <u>이야기를 못 했어요</u>.

→ 지훈 씨를 만났으면 이야기를 했을 텐데 .

2 유키 씨 <u>결혼식에 가지 않았어요</u>. 그래서 <u>사진을 못 찍었어요</u>.

→ 유키 씨 결혼식에 _____ .

3 <u>차를 고치지 않았어요</u>. 그래서 <u>교통사고가 났어요</u>.

→ 차를 _____ .

4 학생 때 동아리 <u>활동을 하지 않았어요</u>. 그래서 <u>대학 생활이 재미없었어요</u>.

→ 학생 때 동아리 활동을 _____ .

5 <u>그 일을 몰랐어요</u>. 그래서 <u>도와주지 못 했어요</u>.

→ 그 일을 _____ .

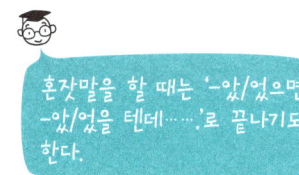

혼잣말을 할 때는 '-았/었으면 -았/었을 텐데……'로 끝나기도 한다.

나 알맞은 것을 골라 바꿔 쓰십시오. [불규칙]

1 A 듣기 연습하셨어요?

  B 아니요, CD 플레이어가 있었으면 한국어 CD를 많이

    <u>들었을 텐데</u>   CD 플레이어가 없어서 할 수 없었어요.

2 A 가을에는 지리산의 단풍이 볼 만해요.

  B 그래요? 그런데 제가 지난 가을에 구경하러 갔는데 비가 많이 오고

    날씨도 갑자기 추워져서 단풍이 많이 들지 않았어요.

    날씨가 좋았으면 단풍이 _____ 아쉬워요.

3 A 친구 결혼식에서 축하 노래를 부르셨어요?

  B 아니요, 감기 때문에 목소리가 안 나와서 노래를 못 했어요.

    감기에 걸리지 않았으면 노래를 _____ 안타까워요.⁴²⁾

4 A 목이 아프면 며칠 동안 말을 많이 하지 말고 푹 쉬어야 해요.

  B 네, 그런데 일 때문에 쉬지 못 했어요.

    푹 쉬었으면 지금쯤 다 _____ 아직 안 나아서 좀 힘들어요.

5 A 방학 동안 아르바이트를 많이 했다면서요?

  B 네, 그런데 돈을 받고 은행에 저금하지⁴³⁾ 않고 다 썼어요.

    아르바이트해서 번 돈을 다 쓰지 않았으면 지금 돈을 많이 _____ 너무 후회

    돼요.

> | ✓ 듣다 |
> | 낫다 |
> | 모으다 |
> | 부르다 |
> | 아름답다 |

new
42) 안타깝다 to feel sorry
43) 저금하다 to save

다 알맞은 것을 골라 바꿔 쓰십시오.

1 밤에 늦게 자서 오늘 아침에 일찍 일어날 수 없었어요.

  → 밤에 늦게 <u>자지 않았으면 / 안 잤으면</u> 오늘 아침에

    일찍 일어났을 텐데 너무 후회돼요.

2 날씨가 추워서 수영을 못 했어요.

  → 날씨가 _____ 수영을 할 수 있었을 텐데 너무 아쉬워요.

3 텔레비전을 보느라고 숙제를 다 하지 못 했어요.

  → 텔레비전을 _____ 숙제를 다 했을 텐데.

> | ✓ 자다 X |
> | 보다 X |
> | 춥다 X |

활용

가 **자유롭게 문장을 완성하십시오.**

1 돈이 많았으면 <u>세계 여행을 했을 텐데 돈이 없어서 여행을 못 하니까 아쉬워요</u> .

2 한국어 공부를 시작하지 않았으면 <u>　　　　　　　　　　　　　　　　　　　　</u> .

3 고등학생 때 열심히 공부했으면 <u>　　　　　　　　　　　　　　　　　　　　</u> .

4 〈결혼한 사람〉 결혼을 안 했으면 <u>　　　　　　　　　　　　　　　　　　　</u> .

5 〈결혼 안 한 사람〉 결혼을 했으면 <u>　　　　　　　　　　　　　　　　　　</u> .

정리하면서 써 보세요

동사		-았/었으면	-았/었을 텐데
	가다	갔으면	갔을 텐데
	읽다		
으	쓰다		
ㄷ	듣다		
ㄹ	살다		
ㅂ	돕다		
르	부르다		
ㅅ	짓다		

형용사		-았/었으면	-았/었을 텐데
	싸다		
	좋다		
으	기쁘다		
ㄹ	길다		
ㅂ	쉽다		
르	다르다		
있다			
학생이다			

의미 확인

가 알맞은 것을 골라 대화를 완성하십시오.

> ✓ ① 그냥 집에서 쉴까 해요

> ② 월드컵 공원으로 갈까 해요

> ③ 5년쯤 후에 할까 해요

> ④ 영화 동아리에 가입 할까 해요

1 A 오늘 오후에 뭐 할 거예요?

  B 글쎄요, 특별한 계획은 없어요. _____①_____.

2 A 무슨 동아리에 가입할 거예요? 결정하셨어요[44]?

  B 아직 결정을 못 했어요. 지금 생각으로는 _____.

3 A 소풍을 어디로 가실 거예요?

  B _____. 하지만 더 좋은 장소를 찾으면 거기로 갈지도 몰라요.

4 A 언제쯤 결혼할 예정이에요?

  B 잘 모르겠지만 지금 생각으로는 _____.

> new 44) 결정하다 to decide

연습

동사		형용사	있다	- 이다 / 아니다
받침 ○	받침 ×			
-을까 하다	- ㄹ까 하다	×	집에 있을까 해요	×
먹을까 하다	갈까 하다			

가 알맞은 것을 골라 바꿔 쓰십시오. `규칙`

1 A 오늘 저녁에 뭐 할지 결정하셨어요?

B 아니요, 아직 결정 못 했어요. 그냥 오랜만에 친구나
<u>만날까 해요</u> .

2 A 오늘 친구들 만나서 뭐 먹을 거예요?

B 글쎄요, 중국 음식을 _____ .

3 A 무엇에 대해서 발표할지 생각하셨어요?

B 지금 생각 중인데 자료를 구할 수 있으면 태권도에 대해서 _____ .

4 A 졸업식 때 무슨 옷을 입을 거예요?

B 옷을 구할 수 있으면 한복을 _____ .

> 발표하다
> 먹다
> 입다
> ✓ 만나다

나 알맞은 것을 골라 바꿔 쓰십시오. `불규칙`

1 A 이번 파티 때 음식을 직접 만든다면서요? 뭐 만들 거예요?

B 아직 잘 모르겠지만 잡채를 <u>만들까 해요</u> .

2 A 오후에 친구들이 집에 온다면서요? 뭐 할 거예요?

B 지금 생각 중인데 친구들하고 같이 이야기도 하고 음악도
_____ .

3 A 나중에 어떤 집을 지을 거예요?

B 음……, 부모님 모시고 같이 살 수 있게 큰 집을 _____ .

4 A 방학 때 뭐 할 거예요?

B 특별한 계획은 없고 이번 겨울 방학에는 아버지 가게에서 아버지를 _____ .

> ✓ 만들다
> 돕다
> 듣나
> 짓다

활용

가 **자유롭게 대화를 완성하십시오.**

1 A 오늘 저녁 때 뭐 할 거예요?

   B 글쎄요, 친구를 만날까 하는데 아직 잘 모르겠어요 .

2 A 이번 주말에 뭐 할 거예요?

   B 아직 잘 모르겠지만 _____.

3 A 이번 방학(휴가) 때 특별한 계획 있으세요?

   B 아직 정하진 않았지만 _____.

4 A 5년 후에 뭐 하실 계획이에요?

   B _____.

정리하면서 써 보세요

동사		-을까	
	가다	갈까	
	읽다		
으	쓰다		
ㄷ	듣다		+ 하다
ㄹ	살다		
ㅂ	돕다		
르	부르다		
ㅅ	짓다		
집에 있다			

·후회와 계획

가 **알맞은 것을 골라 바꿔 쓰십시오.**

1 A 이번 시험을 잘 볼 수 있을까요?

B 많이 ＿＿＿노력했＿＿＿ 으니까 좋은 결과가 있을 거예요.
걱정하지 마세요.

2 A 올해부터 담배를 끊기로 결심했어요.

B 야, 정말 잘 됐네요. 그런데 결심하는 것보다 ＿＿＿＿＿＿＿ 는
것이 더 중요하다는 것, 잊지 마세요.

3 A 보고서는 다 ＿＿＿＿＿＿＿？

B 죄송합니다. 아직 다 못 했습니다. 오늘 저녁까지 시간을 주십시오.

4 A 시험이 끝나면 공부를 열심히 해야겠다고 생각하는데,
언제나 ＿＿＿＿＿＿＿(으)로 끝나요.

B 저도 그래요. 결심하고 후회하고, 또 결심하고⋯⋯.

> 실천하다
> 완성하다
> ✓ 노력하다
> 작심삼일

나 **알맞은 것을 골라 쓰십시오.**

1 A 우리 애는 결심은 잘하는데 실천을 못 해서 걱정이에요.
공부도 운동도 며칠 하다가 ＿＿그만두곤 해요＿＿.

B 그럼, 일주일이나 한 달 계획표를 짜 보는 것은 어떨까요?

2 A 오랜만에 운동을 시작했더니 10분만 뛰었는데도
너무 힘들어요. 어떡하죠?

B ＿＿＿＿＿＿＿. 처음에는 모두 다 그러니까 포기하지 마세요.

3 A 아침에 일어나서 운동하는 것이 너무 힘들어요.

B 저도 힘들어서 아침 운동을 그만두고 싶었던 적이 ＿＿＿＿＿＿＿.

A 그래요? 저는 저만 힘든 줄 알았어요.

> 시작이 반이라고 하잖아요
> 한두 번이 아니에요
> ✓ 그만두곤 해요

8과

·말하기 📖 p.136

가   알맞은 것을 골라 쓰십시오.

1 운전하려면 이것이 필요해요. 자격증이에요. :   운전 면허증

2 시험을 보고 자격증을 받다. : 자격증을 _____

3 휴학했던 사람이 다시 학교로 돌아가다. 예를 들어 2학년 마치고
군대[45]에 갔다 온 다음에 다시 학교로 돌아와 공부를 계속하다. :

     _____

4 피아노, 바이올린, 클라리넷 등 : _____

5 생활을 위하여 할 수 있는 일, 직업 : _____

> 따다
> 복학하다
> 악기
> ✓ 운전 면허증
> 일자리

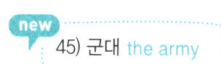
45) 군대 the army

나   알맞은 것을 골라 바꿔 쓰십시오.

A 벌써 12월이야.

B 응, 올해도 다 끝났다. 1 _____세월_____ 이/가 참 빠르다.

C 나는 올해 장학금을 받고 싶었는데 학점이 안 좋아서 못 받았어.

     2 _____ 을/를 받고 나서 공부를 열심히 하지
않은 것을 후회했어.

A 너는 동아리 활동하느라고 바빴잖아. 나는 바쁘지도 않았는데 공부를
많이 못 했어. 내년에는 공부도 열심히 하고 꼭 컴퓨터 자격증도

     3 _____ (으)려고 해.

B 너는 내년에 특별한 계획이 있어?

C 난 내년에 군대에 가야 돼.

A 군대에 간다고? 군대 마치고 나서 다시 학교에 4 _____ 거지?

C 그럼, 해야지. 5 _____ 고마웠어. 너희들 덕분에 재미있게 학교생활을 할 수
있었어.

A 고맙긴. 6 _____ 우리가 고맙지. 건강하게 잘 다녀와.

> 성적표
> ✓ 세월
> 복학하다
> 따다
> 오히려
> 그동안

· 듣고 말하기 SB p.140

가 알맞은 것을 찾아 ⬭ 하십시오.

1 대회가 시작되다.

2 행동이 느리고[46] 움직이거나 일하는 것을 싫어한다.

3 올해의 바로 전 해. 지난 해.

4 계획이나 결심을 쉽게 포기하는 사람한테 쓰는 표현.

　예를 들어 담배를 끊을 계획을 세웠지만 며칠 후에 다시 피울 때 (네 글자).

5 좋은 결과를 얻기 위해 열심히 하다.

6 쉬지 않고 계속 열심히.

7 달리기[47]를 하다.

꾸	사	야	나	기	증	게	굶
준	의	작	심	삼	일	으	겉
히	착	최	요	는	나	르	에
하	대	회	가	열	리	다	보
나	랑	이	해	는	랑	바	체
작	년	상	것	짜	뛰	다	주
다	가	다	하	이	후	는	렸
이	는	인	노	력	하	다	뜻

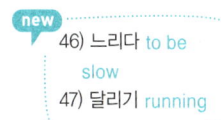

new
46) 느리다 to be slow
47) 달리기 running

·읽고 말하기 📘 p.143

가 **알맞은 것을 고르십시오.**

1 학점이 좋아서 장학금을 받을 거라고 생각했는데 못 받아서 정말 (기뻤했다 / 실망했다).

2 고등학교 때 나쁜 친구들과 (어울리면서 / 돌아보면서) 부모님의 마음을 아프게 했다.

3 이 펜은 비싼 건 아니지만 아버지께서 졸업식 때 주신 선물이기 때문에 나한테는 무엇과도

바꿀 수 없는 아주 (튼튼한 / 소중한) 것이다.

4 회사 일 때문에 너무 바빠서 건강 관리를 (소홀히 / 힘들어)했더니 몸이 안 좋아진 것 같다.

5 올해에 사랑하는 사람을 만나서 결혼도 하고 회사에도 취직했다. 정말 나에게는

(최고 / 세월)의 해였다.

나 **알맞은 것을 골라 바꿔 쓰십시오. 그리고 그 단어를 사용해서 예문을 만드십시오.**

| 주위 사람 | 실망하다 | 억지로 | 건강 관리 | 실력이 늘다 |

1 남자 친구를 사귀는 동안 ___주위 사람___ 들에게 잘하지 못한 것이 너무 후회가 됐다.

예 _____큰 소리로 웃었더니 주위 사람들이 다 나를 봤다_____ .

2 고등학교 때는 하기 싫은 공부도 _____ 해야 하고, 지켜야 할 규칙도 많아서
힘들었다.

예 _____ .

3 성적표를 받았는데 학점이 낮아서 나도 놀랐고 부모님께서도 많이 _____

예 _____ .

4 이제 한국 사람들과 자유롭게 이야기 할 수 있을 정도로 한국어 _____

예 _____ .

5 앞으로도 직장 생활과 한국어 공부, 취미 활동을 다 잘할 수 있게 _____ 을/를
잘해야겠다.

예 _____ .

·단어 종합 문제

가 알맞은 것을 골라 대화를 완성하십시오.

상	✓꾸준히	열리다	실천하다
작심삼일	노력하다	실력	

A 카밀라 씨, 요즘도 마라톤 열심히 하세요?

B 어, 한스 씨. 저, 그게….

A 그만두셨어요?

B 네, 좀 힘들어서요.

A 운동은 쉬지 않고 1 ___꾸준히___ 해야 효과[48]가 있는데…….

특히 마라톤은 계속 해야 2 _____이/가 늘어요.

B 한스 씨는 지금도 계속 마라톤을 하세요?

A 네, 일주일에 두세 번씩 하고 있어요.

B 저는 계획은 잘 세우는데 계획을 3 _____는 게 정말 어려워요.

A 이제 날씨가 조금 따뜻해졌으니까 다시 시작해 보세요.

B 알겠어요. 그런데 또 4 _____로 끝나면 어떡하죠?

A 카밀라 씨는 잘 할 수 있을 거예요. 힘내세요!

B 고마워요. 이번에는 정말 열심히 5 _____ 거예요. 그래서 내년 봄에

6 _____는 마라톤 대회에는 꼭 나가고 싶어요.

그런데 마라톤 대회에서 1등하면 7 _____이/가 뭐예요?

A 하하하! 카밀라 씨는 운동보다 7 _____에 더 관심이 많은 것 같네요.

> new
> 48) 효과 an effect

발음

가 '괴, ㅟ'의 발음에 주의하면서 따라 읽으십시오. 🎧CD 23

1 후회

2 해외

3 취직

나 듣고 따라하십시오. 🎧CD 24

1 A 일하면서 공부하는 것이 힘들지 않았어요?

   B 정말 힘들었어요. 그래서 그만두고 싶었던 적이 한두 번이 아니에요.

2 A 그동안 고마웠어요.

   B 무슨 말씀을요. 오히려 제가 감사하죠.

다 듣고 쓰십시오. 🎧CD 25

1 _____.

2 _____.

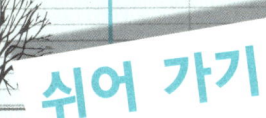
여러분은 소원이 있을 때 어떻게 합니까?

옛날부터 한국 사람들은 달을 좋아했습니다. 그래서 달과 관련된 이야기나 노래가 많습니다. 정월 대보름이나 추석 때에는 보름달을 보면서 소원을 비는 풍습이 있습니다. 가족의 건강이나 계획하고 있는 일이 잘 되기를 빕니다. 여러분 나라에서는 소원을 어떻게 빌어요?

What do you do when you have a wish?

Koreans have always admired the moon, so many stories and songs were written about the moon. It was a tradition to ask for your wishes on the first full moon of the year or on the harvest full moon during *Chu-suk*. One typically pleaded for the good health of family members or the success of one's future plans. How do you make a wish in your country?

서강한국어 뉴시리즈
WORKBOOK 3B

☆ 이 책은 2004년에 출판한 서강한국어 3B를 수정 보완한 것입니다.
This book has been developed from Sogang Korean Student's Book 3B, first published in 2004.

출판사

초판 발행	2008년 12월 19일
1판 9쇄	2019년 1월 30일
펴낸곳	서강대학교 국제문화교육원 출판부
펴낸이	박종구
등록번호	313-2006-00028
출판사 주소	서울시 마포구 백범로 35 (신수동)
Tel	(82-2) 705-8088~9
Fax	(82-2) 701-6692, 713-8963
e-mail	ckss@sogang.ac.kr

 K.L.E.C

 S.K.I.P

homepage   http://klec.sogang.ac.kr   http://koreanimmersion.org

서강한국어 교사 사이트

http://koreanteachers.org

 Sogang Korean Teachers

세트

ISBN		
	978-89-92491-46-4 18710	서강한국어 뉴시리즈 학생책 3B
	978-89-92491-47-1 18710	서강한국어 뉴시리즈 학생책 3B 영어 문법·단어 참고서 (비매품)
	978-89-92491-59-4 18710	서강한국어 뉴시리즈 학생책 3B 일본어 문법·단어 참고서
	978-89-92491-57-0 18710	서강한국어 뉴시리즈 학생책 3B 중국어 문법·단어 참고서
	979-11-6163-011-3 13710	서강한국어 뉴시리즈 학생책 3B 베트남어 문법·단어 참고서
	978-89-92491-48-8 18710	서강한국어 뉴시리즈 학생책 3B CD (비매품)
ISBN	978-89-92491-50-1 18710	서강한국어 뉴시리즈 워크북 3B
	978-89-92491-51-8 18710	서강한국어 뉴시리즈 워크북 3B CD (비매품)

판매·유통

판매·유통	(주)도서출판 하우
등록번호	제475호
주소	서울시 중랑구 망우로68길 48
Tel	(82-2) 922-7090, 922-9728 Fax (82-2) 922-7092
homepage	http://hawoo.co.kr

시리즈 기획

김성희

연구개발진

서강한국어 3B (2004 초판)
김성희	서강대학교 한국어교육원 전 교학부장	서강대학교 불어학 박사 수료
김현정	서강대학교 한국어교육원 교학부장	이화여자대학교 불어학 박사
박선미	서강대학교 한국어교육원 교학차장	이화여자대학교 국어학 석사
황선희	서강대학교 한국어교육원 전 연구원	Phd. in Linguistics, Georgetown University

서강한국어 뉴시리즈 3B (2008 초판)
이효정	서강대학교 한국어교육원 연구원	상명대학교 국어학 박사
조재희	서강대학교 한국어교육원 연구원	이화여자대학교 한국학과 석사
민혜정	서강대학교 한국어교육원 연구원	고려대학교 한국어교육과 석사

영문 번역

주유경	SOAS 연구원	영국 SOAS 한국어학 박사
Duane Henning	연세대학교 교양영어 전임강사	호주 Macquarie University 응용언어학 석사

영문 감수

허구생	서강대학교 국제문화교육원 전 원장	미국 University of Minnesota 역사학 박사
Yoo Isaiah WonHo	서강대학교 영미어문학 교수	미국 UCLA 응용언어학 박사

제작진

편집 디자인	디자인탱크
일러스트	김소연(디렉터), 장선미, 최익견, 민지영, 정선경
사진	스튜디오 루
표지디자인	디자인씨드
CD 녹음 편집	Playback

도와주신 분

사진 모델	서강대학교 한국어교육원 교수진, 가족, 친구, 학생, 조교 여러분
사진 의상 제공	김정아, 임현성, 김보경, 이정화 선생님
연구 개발 지원	오경숙, 최연재 선생님
영문 검토	Janathan Kief
행정	서강대학교 기획처 예산팀, 사무처 구매팀, 국제문화교육원 행정실 총무팀

CD 트랙 목차

1	저작권
2	1과 가
3	1과 나
4	1과 다
5	2과 가
6	2과 나
7	2과 다
8	3과 가
9	3과 나
10	3과 다
11	4과 가
12	4과 나
13	4과 다
14	5과 가
15	5과 나
16	5과 다
17	6과 가
18	6과 나
19	6과 다
20	7과 가
21	7과 나
22	7과 다
23	8과 가
24	8과 나
25	8과 다